Thali

Lichtbahnen
Fernheilung

Trudi Thali

Lichtbahnen Fernheilung

Mit kosmischem Lichtbewusstsein
Raum und Zeit überwinden

WINDPFERD

Haftungsausschluss

Die in diesem Buch beschriebenen Methoden sollen ärztlichen Rat und medizinische Behandlung nicht ersetzen. Lichtbahnen-Fernheilung hilft dem Körper, sich selbst zu heilen – sie heilt also keine Krankheiten. Die in diesem Buch vorgestellten Informationen sind sorgfältig recherchiert und wurden nach bestem Wissen und Gewissen weitergegeben. Dennoch übernehmen Autor und Verlag keinerlei Haftung für Schäden irgendeiner Art, die direkt aus der Anwendung oder Verwendung der Angaben in diesem Buch entstehen. Die Informationen in diesem Buch sind für Interessierte zur Weiterbildung gedacht.

1. Auflage 2007
© 2007 by Windpferd Verlagsgesellschaft mbH, Aitrang
www.windpferd.de
Alle Rechte vorbehalten
Umschlaggestaltung und Layout: Marx Grafik & ArtWork
Illustrationen: Alexandra Fink-Thali
Zeichnungen auf den Seiten 29 – 30: Peter Ehrhardt
Gesamtherstellung: Schneelöwe Verlagsberatung & Verlag, Aitrang

Printed in Germany · ISBN 978-3-89385-541-4

Inhalt

Vorwort

In meinem neuen Buch möchte ich Sie, liebe Leserinnen und Leser, mit dem Geheimnis unseres heilenden Bewusstseins vertraut machen. Wussten Sie schon, dass alles, was wir sehen, fühlen, erfahren und wahrnehmen können, Teil unseres Bewusstseins ist? Dass wir mit dem Bewusstsein Energie in Bewegung bringen können? Und dass es im reinen Bewusstsein keine Trennung gibt? Lassen Sie sich von diesem Buch anregen, das Potenzial Ihres Bewusstseins zu erforschen. Sie werden staunen, wie viel Kraft Sie zu entfalten und auch zum Wohle anderer einzusetzen vermögen! Wir brauchen einander in der heutigen Zeit. Wir sollten einander in Liebe beistehen, denn wir sehen uns immensen Herausforderungen gegenüber, die es in diesem Ausmaß kaum zuvor in der Menschheitsgeschichte gegeben hat. Die Naturgesetze unserer Lebensgrundlage scheinen in Disharmonie geraten zu sein. Die Klimaerwärmung und immer zahlreicher auftretende daraus resultierenden Unwetter und Naturkatastrophen bedrohen weltweit Mensch und Natur. Im Arbeitsprozess stehende Menschen leiden zudem vielfach unter Erschöpfungszuständen und sind der hektischen Entwicklung der modernen Kommunikationstechnik kaum mehr gewachsen. Kinder und Erwachsene sind durch zu langen Aufenthalt vor den Bildschirmen einer bis heute kaum erkennbaren, unfassbaren Belastung durch Elektrosmog ausgesetzt. Die schädlichen Auswirkungen werden uns noch lange beschäftigen, wenn es uns nicht bald gelingt, aufzurütteln und genügend Schutzvorrichtungen einzuführen.

Und doch gibt es in all den Turbulenzen unserer Zeit eine erfreuliche Seite, die als Gegengewicht wohl alle Schwierigkeiten aufzuwiegen vermag: die Entwicklung der geistigen Fähigkeiten und die Sehnsucht der Menschen nach dem tiefen Sinn des Lebens. Die Entfaltung der in uns ruhenden geistigen Fähigkeiten macht Hoffnung, dass die Probleme unserer Zeit doch zu meistern sind. Es ist auch spürbar und oft durfte ich erfahren, dass himmlische Helfer in allem nahe sind und unmittelbar helfen, wenn sie gerufen werden. Der Schleier, der die irdische Welt von der geistigen Dimension trennt, ist sehr durchlässig geworden. So spüren wir immer besser, dass der Himmel nicht getrennt ist von der Erde. Vielmehr ist die irdische Ebene ein *Ausdruck* der geistigen Dimension, und wir Menschen mit unseren Gedanken, Absichten und Vorstellungen sind Teil der Schöpferkraft und bilden geistige Resonanzfelder, die eine Vorstufe zur materiellen Welt bilden.

Ein stetes Ineinanderwirken zwischen Geist und Materie findet statt. Diese Ebene werden wir nun, liebe Leser, Schritt für Schritt miteinander erkunden und werden lernen, wie unser Bewusstsein zum Wohle unserer Mitmenschen dienen kann. Denn als körperliche *und* geistige Wesen sind wir Menschen mitten in den schöpferischen Lebensprozess einbezogen!

Viele Eigenschaften schlummern in unserem Bewusstsein und warten nur darauf, entdeckt zu werden. Unsere Zeit schenkt uns damit trotz aller Schwierigkeiten auch neue Heilmethoden, die Balsam sind für die Seele, um neue Kraft zu schöpfen und einander beizustehen. Eine wunderbare Möglichkeit bietet in diesem Zusammenhang die von mir entwickelte Lichtbahnen-Behandlung, die Sie vielleicht schon aus den beiden dazu erschienenen Büchern von mir kennen. Diese neue Heilweise hat sich in den letzten Jahren weltweit verbreitet und unzähligen Menschen Heilkraft geschenkt.

Wir leben in einer Zeit einer noch nie gekannten Globalisierung. Die Erde ist vernetzt durch die Kommunikationstechnik, durch Reisen, durch wirtschaftliche Verflechtungen – dies ist die *materielle* Ebene. Zugleich hat sich aber auch eine *geistige* Globalisierung entwickelt: die Erkenntnis der Kraft des Bewusstseins, das *Lichtbewusstsein,* das keinerlei Begrenzung durch Raum oder Zeit kennt. In diese Dimension möchte ich Sie, liebe Leser, mit dem vorliegenden Buch hineinführen, denn wir alle haben die Fähigkeit zum Heilen, in der Nähe, aber auch aus der Ferne.

Die von mir gemachten Erfahrungen, die ich in diesem Buch weitergebe, mögen für manch einen unter Ihnen zu Beginn erstaunlich, ja fast unglaublich sein. Aber bald werden auch Sie staunen, wie leicht wir einander beistehen können, wenn Krankheit und Leiden das Leben beeinträchtigen. Mitgefühl ist nicht an räumliche Trennung gebunden, denn es ist eine geistige Kraft und kann eine rasche Verbesserung des energetischen Zustandes auch von entfernt lebenden Menschen bewirken. Für viele ist diese Möglichkeit des Heilens mysteriös und unverständlich. Eben deshalb habe ich beschlossen, mein Wissen über das Fernheilen weiterzugeben und auch die praktische Seite dieses Heilens darzulegen. Es liegt mir daran, auf diese Weise auch die in jedem menschlichen Bewusstsein dazu angelegte Begabung zur Entfaltung zu bringen. Die zahlreichen dankbaren Zuschriften von Lesern meiner Bücher haben mir Mut gegeben und das Vertrauen, dass meine Erfahrungen als Therapeutin und Seminarleiterin für viele eine wunderbare Lebenshilfe geworden sind. So ist es mir ein herzliches Bedürfnis und erfüllt mich mit tiefer Freude, mit diesem Werk einen erneuten Beitrag leisten zu dürfen, um jene Kraft in uns zu befreien, die dem seelischen und körperlichen Wohlbefinden dient. Ich richte mich in meinen Ausführungen an diejenigen unter Ihnen, die ihr Bewusstsein erweitern möchten zur geistigen Dimension des Daseins und auch an jene, die bereits entsprechende Erfahrungen gemacht haben und eine Erklärung dafür suchen.

Heilweisen, die den Energiekörper harmonisieren, haben bei unzähligen körperlichen oder seelischen Beschwerden einen guten Heilerfolg. Sie wollen jedoch niemals die herkömmliche medizinische Betreuung durch den Arzt ersetzen. Es ist wichtig zu wissen, und ich möchte eindringlich darauf hinweisen, dass bei einer anhaltenden Erkrankung das Fachwissen eines Mediziners unentbehrlich ist.

Trudi Thali

Einleitung

Wir befinden uns in der Morgendämmerung eines neuen Lichtbewusstseins. Die Transformation, die wir in dieser Zeit erleben, sprengt immer mehr die Begrenzungen des Raum- und Zeitbegriffes, und die Zeit ist reif geworden für den Durchbruch des Lichtbewusstseins. In innerer Stille, wenn Gedanken schweigen, ahnen wir die Weite und Größe des Ewigen, suchen die Rückverbindung zum göttlichen Sein. Obwohl diese wundervolle Lichtebene der eigentliche Kern unseres Wesens ist, können wir diese Dimension mit unserem Verstand nicht fassen, denn sie wirkt durch uns hindurch und überschreitet die Zeit- und Raumbegriffe unseres Verstandes. Wir sind beteiligt am Schöpferakt Gottes, sind mitten in ihm mit unseren Erfahrungen und Empfindungen, die uns von liebevollen geistigen Helfern in einer Interaktion mit dem Seeleninhalt vor Augen geführt werden. Hier beginnen wir leise zu ahnen, dass unsere irdische Welt nur vordergründig einem zeitlichen Ablauf untersteht und eigentlich dazu dient, uns selbst mit dem eigenen Schöpferpotenzial zu erleben und zu betrachten! Diese neue Betrachtung unseres Lebens, im tiefen Einverstandensein, dass alle Begebenheiten dazu dienen, unser Seelenlicht zu entwickeln, ist revolutionär und für viele Menschen, die nur die physische Ebene sehen und erkennen, noch nicht nachvollziehbar. Aber immer mehr Menschen haben in den letzten Jahren durch Meditation und Kontemplation ihr Bewusstsein erweitert und eine Öffnung zur feinstofflichen Ebene der geistigen Dimension bei sich feststellen können. Und eben hier setzt die Lichtbahnen-Fernheilung an.

Mit immenser Begeisterung schildern mir die von mir ausgebildeten Therapeutinnen und Therapeuten ihre wunderbaren Erfolge mit der Lichtbahnen-Behandlung. Diese Heilweise, die wie gesagt in vielen Ländern bereits ein heilsames Echo gefunden hat, wird noch unzählige Menschen von ihren Beschwerden befreien helfen – in direkter Arbeit am Körper durch das Lösen von Blockaden im Energiesystem. In diesem Buch nun werden Sie eine hilfreiche, nicht an Raum und Zeit gebundene Erweiterung der Lichtbahnen-

Therapie kennen lernen: die *Lichtbahnen-Fernheilung*. Ich weiß – es klingt unglaublich, aber Lichtbahnen können tatsächlich auch auf Distanz von Blockaden befreit werden!

Je mehr unser Bewusstsein sich in die feineren Schwingungs-ebenen einschwingen kann, desto deutlicher wird die kollektive Vernetzung erlebbar. Das individuelle *Ich* wird in dieser Betrachtung erweitert und wird zum Ausgangspunkt einer weltumspannenden Einheit. Wie eine gebündelte Kraft aus der inneren Mitte öffnet sich die Quelle der Ausdehnung zur Dimension des allgegenwärtigen Liebeslichtes. In dieser Dimension sind alle Gedanken und Gefüh-le enthalten – schlicht alles, was außerhalb der wahrnehmenden Sinnesorgane liegt. Diese Ebene des Bewusstseins gründet im Licht-bewusstsein, in der geheimnisvollen, allgegenwärtigen Dimension des ALL-EINS. Dieses wunderbare Lichtbewusstsein kann in ein immenses Lichtnetzwerk, in das wir Menschen, Tiere und Pflanzen eingewoben sind, ausgedehnt werden.

Energie gehorcht dem heilenden Fühlen oder dem Betrachten aus der Stille des Geistes. In der heutigen Zeit, in der Mobilität zur Selbstverständlichkeit gehört, leben die engsten Familienmitglie-der oder Freunde oftmals weit voneinander getrennt. Räumliche Distanz erlaubt dann im Falle von Beschwerden keine Lichtbah-nen-Behandlung direkt am Körper. Oft kommt es in der Lichtbah-nen-Therapie auch vor, dass ein Klient aus persönlichen Gründen nicht zur Behandlung in die Praxis kommen kann. Hier bietet die Fernheilung eine wunderbare Möglichkeit, dennoch zu helfen. Die Möglichkeit des Fernheilens ist unbeschränkt und wirkt im Einklang mit dem himmlischen Gesetz der Liebe und der Heilen-gel, die uns dienen. Ich freue mich, Sie mit diesem Buch in das Geheimnis des Fernheilens einführen zu dürfen. Lassen Sie sich mit dem Gedanken vertraut machen, dass eine räumliche Trennung nur die *materielle* Ebene betrifft, die geistige Ebene des Lichtkörpers aber keine Raum- und Zeitbegrenzung kennt.

Die Erforschung unserer irdischen Welt wird durch die Natur-wissenschaft bis in die kleinsten Bausteine des Lebens und bis ins unendliche Weltall vorangetrieben, und sie gibt uns Einblicke in die wunderbare Schöpfung. Hier sind irdischer Verstand und Vernunft am Werk, sie sind in der Lage, den materiellen Teil unserer Realität aufzuzeigen. Aber es ist nur der *vordergründige* Teil eines immensen Ganzen: Die ganze Schöpfung ist verwoben mit dem unendlichen Licht Gottes und manifestiert sich unter Mithilfe von Engeln oder geistigen Kräften in den Gesetzen des Lichts. Echte Rückverbindung mit dem Liebeslicht der göttlichen Gegenwart setzt da an, wo unsere logische Verstandesebene aufhört, wo die Gedanken zur Ruhe kommen können. Lichtbewusstsein kann sich nur in der Stille, im meditativen Zustand des inneren Schweigens entwickeln.

Ein neues Weltbild, in dem das Rätsel der Interaktion von Materie und Bewusstsein erforscht und neu definiert wird, ist im Entstehen. Noch gibt es viele Geheimnisse, für die wir noch keine Erklärung haben. Die Fähigkeit des menschlichen Bewusstseins, sich in Sekundenschnelle über tausende von Kilometern in einen anderen Energiekörper einfühlen zu können, ist eines der Geheimnisse, die es noch wissenschaftlich zu erforschen gilt. Mit Verstand und Vernunft analysieren wir die materielle Ebene, aber erst die innere Stille und das Schweigen machen uns durchlässig für die geistige Dimension unseres Daseins. In dieser Dimension des ALL-EINS herrschen die Gesetze der Weisheit, sie entzieht sich dem analytischen, an Raum und Zeit orientierten Verstand. Liegt hier eine Diskrepanz zwischen Naturwissenschaft und Spiritualität, zwischen Intelligenz und Weisheit? Als Menschen dieser irdischen Welt brauchen wir jedoch beide Lebensbetrachtungen, und unsere Zeit gibt uns den Weg frei zur Transformation, zu einem Hinwenden zur unsichtbaren geistigen Welt.

Aus dieser Erkenntnis könnte eine neue Verantwortung erwachsen, die durch die Vernetzung mit den Energiekörpern von anderen Menschen, von Tieren und von der ganzen beseelten Natur weit über die individuellen Bedürfnisse und Betrachtungsweisen hinausreicht. So wird sich in der Folge auch eine neue Ethik entwickeln, die nicht nur um das eigene Wohl besorgt ist, sondern Verantwortung für ein Netzwerk globalen Ausmaßes erkennt und übernimmt.

Lebenskraft und Energiekörper

Es gibt keine bösen Menschen,
es gibt nur mehr oder weniger blockierte Menschen.

Grundlage

Was geschieht bei einer Fernbehandlung? Wie ist es überhaupt möglich, aus weiter Ferne das Energiesystem zu fühlen und blockierte Energie in Bewegung zu bringen? Wir gehen Schritt für Schritt vor. Zuerst möchte ich Sie mit dem feinstofflichen Energiekörper vertraut machen. Es ist diejenige Ebene, die Sie fühlen, wenn Sie sich in einen andern Menschen in meditativer Stille einstimmen werden. Betrachten wir einmal das Wunderwerk des physischen Körpers! Ohne bewusste Mithilfe unsererseits macht er alles richtig, die Organe funktionieren, der Stoffwechsel schenkt Harmonie und Wohlbefinden, das Herz dient der Verteilung des Blutes, die Lungen nehmen Sauerstoff auf und transportieren ihn ins Blut. Unglaublich wunderbar arbeitet der Körper Tag und Nacht. Eine Super-Intelligenz wirkt als unsichtbare Lebensenergie, als Licht und Kraft des Schöpfers in Natur und Mensch. Licht wirkt in Weisheit und Liebe, strömt durch alles und ist eingewoben in der Materie. So wie das Licht der Sonne allen Pflanzen innewohnt und alles zum Wachstum anregt, ist auf einer höheren Ebene das Licht Gottes als geistige Intelligenz in der ganzen Schöpfung eingewoben. Wir leben aus diesem Licht, sind aus dem Licht geboren und leuchten in diese Welt. Unser strahlender Lichtkörper ist Teil des allgegenwärtigen Liebeslichtes. Tief in uns ist ein Lichtfunken eingelegt, der zur Entfaltung kommen möchte. Engel dienen uns und dem großen Licht in diesem Erdenleben und natürlich auch weit darüber hinaus.

Geistige Energie verbindet sich mit der physischen Ebene, und somit ist der Himmel nicht getrennt vom Irdischen. Er wirkt mitten unter uns und durch uns hindurch. Es gibt nichts außerhalb des Göttlichen, wir leben mitten in Gott und seinen Engeln. Die geistige Dimension waltet über die dichtere Ebene, ja es gibt kein Leben außerhalb des Geistigen. Als immenser Lichtkörper wirkt die geistige Dimension in den physischen Körper hinein, umhüllt und durchdringt ihn. Diese Durchdringung erfolgt durch die Chakras und Lichtbahnen. Und hier entscheidet sich, ob sich unser Körper gesund und wohl fühlt und das Stoffwechselgeschehen in allen Zellen und Organen harmonisch geregelt ist. Der Lichtkörper kennt keinen Tod, denn er ist das unsterbliche wahre Selbst. Während eines kurzen irdischen Lebens senkt er sich in einen physischen Körper ein und macht jene Lernerfahrungen, die der höheren Intelligenz der Allweisheit unterstehen, um das Licht stärker zu entfalten, um auszuheilen, was in früheren Inkarnationen geschehen ist. So lebt der sterbliche Körper während einer gewissen Zeitspanne auf dieser Erde, die Lebensenergie bezieht er aus dem Lichtkörper, der keinen Tod erleidet.

Der Himmel ist nicht getrennt von der Erde

HIMMELSLICHT BERÜHRT ZÄRTLICH DIE ERDENMUTTER
UND SENKT SICH EIN IN UNSEREN KÖRPER.
WUNDERBAR LEUCHTET DAS CHRISTUS-LICHT
ALS GOLDENER REGENBOGEN
VON HERZ ZU HERZ,
STRÖMEND ALS FRIEDEN, FREUDE UND LIEBE.

Der Lichtkörper

Wenn wir einen anderen Menschen aus der Ferne wahrnehmen, so tun wir dies über den Lichtkörper. Diese Ebene ist nicht an die herkömmlichen Naturgesetze von Raum und Zeit gebunden. Hier gibt es keine Trennung, denn der Lichtkörper ist eingebunden in die höhere Lichtwelt des Überirdischen. Nur der materielle Körper untersteht dem Gesetz der Trennung. Beide Ebenen jedoch gehören zu uns. Beim Fernheilen geschieht die Wahrnehmung eines anderen Lichtkörpers über die feinstofflichen Sensorien, die Sinne, mit denen wir hellsehen, hellfühlen oder hellhören. Ich möchte Ihnen zunächst eine Vorstellung vermitteln vom Lichtkörper. In ihn stimmen wir uns bei einer Fernbehandlung sozusagen ein, um blockiertes Strömen zu erfühlen.

Wir können uns den Licht- oder Energiekörper folgendermaßen vorstellen: Licht und Lebenskraft durchströmen den sichtbaren, materiellen Körper wie ein zartes elektrisches Netzwerk aus Lichtbahnen und Chakras. Der physische Körper und Lichtkörper befinden sich in einem stetigen Austausch von Gedanken, Gefühlen und Taten. Körper und Lichtkörper bilden eine Einheit, unterscheiden sich aber durch unterschiedliche Schwingungsfrequenzen. Es ist ein großartiges Privileg ein Mensch zu sein, bewegen wir uns doch sowohl auf der irdischen Ebene, sind Kinder der Mutter Erde mit unserer Körperlichkeit, aber auch Kinder Gottes mit unserem unsichtbaren Geist- und Lichtkörper. Wir sind viel mehr als wir denken, denn was wir als *ich* bezeichnen, ist nur ein kleiner Teil unseres Wesens. Als Suchende sind wir gefangen im physischen Leib, um hier in diesem Erdenleben Erfahrungen zu sammeln. Unser wahres Selbst aber ist ein Lichtkörper, der durch viele Erdenleben die Summe aller Weisheit und alles Guten in sich trägt und speichert. Durch Meditation und Gebete entfaltet sich das Lichtbewusstsein und öffnet zum Licht Gottes. Sieben Hauptpforten, Energie- oder Verteilerzentren, die wir Chakras nennen, öffnen den physischen Körper wie Energiewirbel oder drehende Räder zum Licht (Chakra = Sanskrit: Rad). Darüber werden Sie im Folgenden noch mehr erfahren. Lichtbahnen bilden ein zartes, strömendes Energiesystem, das den ganzen Menschen von Kopf bis zu den Füßen mit Licht und kosmischer Weisheit durchflutet. Eingebettet in ein immenses Lichtgitternetz sind wir alle, mit unserem physischen Körper und dem Lichtkörper, miteinander verwobene Teile eines unaussprechlichen Großen und Ganzen.

Durch Meditation und Gebete entfaltet sich das Lichtbewusstsein

Die Frequenzen des Lichtkörpers

Ätherischer Körper

Wenn wir uns für eine Fernheilung auf den betreffenden Menschen einstimmen und eine Verbindung aufnehmen, dann verschmilzt der Energiekörper des Heilers mit dem Energiekörper des Klienten – so nenne ich hier beide Beteiligte –, und wir nehmen dann vor allem den Ätherischen und den Emotionalkörper wahr. Der Ätherische Körper gehört zur unsichtbaren Ebene, besteht aus feiner Energie, welche den physischen Leib ganz und gar bis in die kleinste Zelle hinein zu durchdringen vermag. Und hier liegt die Ursache von Krankheit und Unwohlsein: wenn nämlich die Energie nicht mehr frei fließen kann.

Der Lichtkörper durchflutet den physischen Körper, in ihm wirken jedoch unterschiedliche Lichtfrequenzen. Jene Schwingung, die den physischen Leib durchflutet und wie ein Double zu diesem ausgebildet ist, nennen wir *Ätherischer Körper*. Hier strömen die Lichtbahnen oder Meridiane und unzählige *Nadis*, feine Energieleitungen, durch den ganzen physischen Körper hindurch. Wie alles in der Schöpfung unterstehen auch die Energieleitbahnen den Grundprinzipien Yin und Yang. Diese beiden polaren Kräfte enthalten alle Gesetze des Himmels und der Erde, die in einem dynamischen Fließgleichgewicht eine stetige Harmonie anstreben. Was immer wir wahrnehmen, sind Unterscheidungen zwischen diesen beiden Grundkräften des Lebens. Dem männlichen Yang-Prinzip zugeordnet werden etwa der Himmel, der Tag, das Licht, und Yang bildet auf verschiedenen Ebenen eine expandierende Kraft. Dem weiblichen Yin-Prinzip zugeordnet werden u. a. die Erde, die Nacht, der Winter, und Yin bildet überall eine nach innen gerichtete, aufnehmende Kraft. Die beiden Prinzipien wirken in unserem Körper mit jedem Herzschlag, im Atem, im Kreislauf, in den Organen, sie wirken im Wechsel der Jahreszeiten genauso wie im Wechsel des Tagesablaufs durch Tag und Nacht. Auch die Lichtbahnen unterstehen dem fließenden Gleichgewicht von Yin und Yang.

Yang ist das wärmende, expandierende Prinzip

 Yin ist das kühlende, kontrahierende Prinzip

Im Ätherischen Körper erfolgt ein wunderbares Strömen und Zirkulieren der Lebensenergie in den Bahnen des Lichtes. Ein Fließen des Lichts im Ätherischen Körper bewirkt, dass wir uns gesund und heiter fühlen. Ist das zarte Strömen der Leitbahnen aber blockiert, meldet sich der Körper mit Schmerzen, Krankheiten, Unwohlsein, und die Seele verliert die Lebensfreude und Heiterkeit. Auf dieser Ebene ist echte Heilung möglich, sei es direkt durch eine Lichtbahnen-Arbeit am Körper in der einfachen Abfolge von 14 Behandlungsschritten, wie sie im Buch *Lichtbahnen-Heilung* (Windpferd Verlag) beschrieben ist oder durch indirekte Behandlung, das Fernheilen. In dem Buch, das Sie, liebe Leserin und lieber Leser, nun in Händen halten, werden Sie lernen, wie Sie solche Energieblockaden aus Distanz lösen können. Aber vorerst will ich Sie noch mit einigen weiteren Grundlagen vertraut machen.

Emotionaler Körper

Die nächst höhere Schwingung des Lichtkörpers nennen wir *Emotionalkörper*. Das Zentrum bildet das Solarplexus-Chakra, umspannt jedoch auch das Sakral-Chakra und das Herz-Chakra. In diesen drei Chakras werden unsere Emotionen gespeichert. Wir nähren Gefühle durch die Gedanken, die Beurteilung der Situationen und bestimmen weitgehend selbst, ob diese schmerzlich sind oder heiter. So haben wir es selbst in der Hand, ob wir das Leben von der heiteren Seite betrachten wollen oder ob wir uns in negative Gefühle verstricken. Ein schönes Beispiel gibt uns ein wichtiges Organ, das hinter dem Solarplexus-Chakra liegt: Der Magen. Wenn wir ihm die tägliche Nahrung zuführen, sollte ihm diese bekömmlich sein, er sollte damit „einverstanden" sein. Dann fühlen wir uns gut, und die Verdauung kann ungestört vollzogen werden. Sagt er jedoch: „Nein, diese Nahrung gefällt mir nicht!", werden wir dies schmerzlich erfühlen. Ähnliches geschieht mit unseren Eindrücken im Alltagsleben: Wenn wir einverstanden sind mit den alltäglichen Erfahrungen, die uns die höhere Weisheit vor Augen führt, fühlen wir uns zufrieden. Lehnen wir uns jedoch mit ständiger Ablehnung und Kritik gegenüber Menschen und Umständen auf, werden diese Gefühle wie düstere Wölklein in den Lichtbahnen und Chakras eingelagert. Dort blockieren sie das Licht in uns. Wir fühlen uns unwohl, wir leiden.

Beim Fernheilen werden wir auch erfahren, dass unser Lichtkörper, also auch der Emotionalkörper, eine unglaubliche Speicherkapazität hat. Alle Ereignisse unseres Lebens sind darin gespeichert. Auch manche schwierigen Umstände, beginnend bei der Geburt, bleiben hier ein Leben lang als Blockaden erhalten, wenn sie nicht gelöst werden. Wir nennen diese tiefen, schmerzlichen, im Energiekörper eingeprägten Erfahrungen *Traumata*. Obwohl diese oft schon lange zurückliegen, können sie das Energiesystem immer noch enorm blockieren. Ich komme später auf dieses wichtige Thema zurück. Im heilenden Lichtbewusstsein wird es möglich, auch diese schmerzlichen Einprägungen zu fühlen und zu lösen.

Mentaler Körper

Die Schwingungsfrequenz des mentalen Bereichs ist noch feiner und unbegrenzter. Auf dieser Ebene sind wir schöpferisch – nämlich mit unseren Gedanken, Absichten und Vorstellungen! Hier stehen wir in ganzer Verantwortung für unser eigenes Leben – und im Kollektiven auch für die Lebensumstände der ganzen Menschheit. Dieser Gedanke mag Sie schockieren, aber spüren Sie einmal nach … Jeder Gedanke erschafft eine in der Wirklichkeit nach Verwirklichung suchende Form! Auch Gedankenenergien bleiben gespeichert im Lichtkörper. Hier bilden sie Resonanzfelder, ziehen Gleiches an und werden mit Hilfe geistiger Wesen in Wirklichkeit umgesetzt. Diese Tatsache bedeutet also, dass unsere spirituelle Entwicklung mit aufmerksamer Gedankenkontrolle zu beginnen hat. Wie denke ich über mich, über die andern? Bleibe ich verhaftet in Ereignissen aus der Vergangenheit? Wie stelle ich mir meine Zukunft vor?

Jeder Gedanke hat eben ein schöpferisches Potenzial, und Gedanken kennen keine räumlichen Begrenzungen. Sicher haben auch Sie schon die Erfahrung gemacht, dass Sie an jemanden gedacht haben – und schon läutet das Telefon, dieser Mensch ruft sie an. Telepathie ist ein bekanntes, gut erforschtes Phänomen, das auch von wissenschaftlicher Seite anerkannt ist. Mit jedem Gedanken an einen Menschen sind wir bereits mit seinem Energiefeld verbunden. Bei der Fernheilung nehmen wir diese Verbindung ganz bewusst auf, ganz bewusst wahr und können im Laufe einer oder mehrerer Behandlungen blockierte Energie in Bewegung bringen. Der Schöpfer hat uns durch unsere Fähigkeit zu denken und Wirklichkeit zu erschaffen zu seinem Werkzeug gemacht. Er hat uns die Kraft gegeben, mittels unserer Gedanken Energiefelder zu kreieren, Energien in Bewegung zu bringen, die unser Leben bestimmen – und das Leben auf der ganzen Erde.

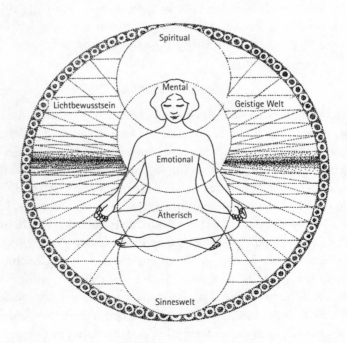

Energiekörper im Lichtgitternetz

Spiritueller Körper

Die höchste und feinste Schwingungsfrequenz ist uns geschenkt, um uns dem Licht zu nähern, um uns zum Lichte hin zu entfalten. Auf dieser Ebene sind wir verbunden mit dem verborgenen Liebeslicht, dem EWIGEN. Hier gibt es keine Trennung. Hier gründet unser Lichtbewusstsein, das uns ermöglicht Raum und Zeit zu überwinden. Hier erwächst die Transzendenz mit dem Potenzial der Heilkraft aus der Ferne.

Es scheint mir, dass uns dabei ein immenses Lichtgitternetz zur Verfügung steht, das uns mit allem verbindet. Ich habe dieses Lichtgitternetz in einer Vision geschaut: Ich sah, wie sich über das ganze Universum ein weites Lichtgitternetz ausdehnte. So weit ich sehen konnte, war das ganze Firmament in dieses wundervolle Lichtgitter eingehüllt. Die Verbindungspunkte der strahlend leuchtenden Linien bestanden aus jeweils drei leuchtenden Dreiecken. Inmitten der Vernetzungen aus weißem Licht sah ich ein immenses Kreuz aus goldenem, strahlendem Licht, das über die Erde ein helles Licht verbreitete. Diese Vision hat sich unauslöschlich in mein Bewusstsein eingeprägt, und ich bin heute noch sehr ergriffen davon.

Wenn wir uns in das Thema des Fernheilens vertiefen, bewegen wir uns mit dem Bewusstsein auf dieser wundervollen grenzenlosen Ebene des allumfassenden Liebeslichtes. Wir können mit Lichtgeschwindigkeit Raum durchmessen, Entfernungen überwinden und so im Energiekörper eines anderen Menschen Blockaden erfühlen und lösen. Wir können schmerzliche Einprägungen aus der Vergangenheit fühlen und lösen. Keine Grenzen sind gesetzt! Ich werde Sie mit diesem Weg des Heilens aus der Ferne Schritt für Schritt vertraut machen. Hier nochmals eine Zusammenfassung der verschiedenen Schwingungsfrequenzen des Lichtkörpers:

Ätherischer – Emotionaler – Mentaler – Spiritueller Körper

Chakras – drehende Lichtwirbel

Beim Betrachten unserer Umgebung erkennen wir immer wieder geistige Gesetze: etwa in der göttlichen Geometrie von Blumen und Kristallen. Wir begegnen überall Spiegelungen, Analogien, die auf unterschiedlichen Schwingungsebenen Ähnliches hervorbringen. Und alles steht miteinander in kommunikativem Austausch und einer verbindenden Interaktion, denn alles ist ein Teil des Ganzen. Die Strahlkraft der Sonne ist die Quelle von Licht und Lebenskraft für die Erde, ohne Sonne gäbe es keinerlei Leben hier. Ihre Strahlen erhellen unsere Erde, sind aber meistens nicht direkt sichtbar. Wir sehen aber die Auswirkungen der Sonnenstrahlen in Blumen, Pflanzen, in Tieren und in Wolken, ja in allem Leben auf diesem Planeten Erde. Hinter der schöpferischen Sonne ahnen wir, wie die Mystiker aller Zeiten, eine unsichtbare Sonne aus hellstem weißem Licht, die noch unsäglich heller strahlt als unsere sichtbare Sonne. So bildet die sichtbare Sonne ein Spiegelbild für die SONNE *hinter* der Sonne: das Liebeslicht Gottes. Dieses Licht entzieht sich unserem Verstand, ist aber die eigentliche Grundlage allen Seins und ist verwoben mit allem Sein. Es verbirgt sich sozusagen, denn es ist eingewoben in allem, wie die sichtbare Sonne eingewoben ist in jeder farbigen Blume, grünen Pflanze und auch in dem Wunderwerk unseres physischen Körpers. Aus dieser unbeschreiblich großen Dimension des Liebeslichts wird unser Lichtkörper genährt. Licht und Kraft strömen von oben her in unseren Körper ein und werden von einem Energiezentrum oder Chakra zum nächsten transmittiert. Die spirituelle Entwicklung im sorgsamen Ausüben des Liebesprinzips läutert die Chakras zum geistigen Licht. Wir nennen die sieben Hauptchakras vom Scheitel abwärts bis zum Wurzelzentrum:

Kronen-Chakra – Stirn-Chakra – Hals-Chakra – Herz-Chakra – Solarplexus-Chakra – Sakral-Chakra – Wurzel-Chakra

---

Die Chakras bilden die Hauptpforten für den Eintritt des Lichts in unseren Energiekörper. Vom Scheitel her öffnet sich das Energiesystem für Licht und Weisheit in unseren physischen Körper. Das Licht wird von einem Chakra zum andern weitergeleitet, und im Wurzel-Chakra sammelt sich die Energie als Kundalini-Kraft. Unsere spirituelle Entwicklung öffnet dann die Lotus-Blüten unserer Chakras, sie leuchten in zarten Regenbogenfarben und zarte Energieströme fließen von unten nach oben. Am Beispiel einer Doppelspirale können wir uns das Wunderwerk des Zusammenspiels der Chakras am besten vorstellen.

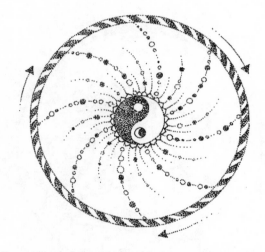

Energiewirbel der Chakras drehen im Uhrzeigersinn

Nun ist es aber ganz wichtig, dass die Energiewirbel der Chakras im Uhrzeigersinn drehen. Ich habe in meinem Buch *Lichtbahnen-Selbstheilung* bereits beschrieben, wie Sie die Drehrichtung der Chakras umpolen können. Diese Chakra-Umpolung ist sehr wichtig, damit das Licht integriert werden kann. Sie können durch eine kreisende Bewegung mit der Handfläche Ihrer rechten Hand in ungefähr 15 cm Abstand vom Körper die Chakras integrieren. Vom Wurzel-Chakra her beginnend erfolgt die Kreisbewegung ungefähr eine Minute lang über jedem Chakra. Durch die Rechtsdrehung entsteht Öffnung und somit die notwendige Entfaltungskraft für Licht und Lebensenergie. Achten Sie darauf, dass diese Rechtsdrehung entsteht, während die kreisende Bewegung auf der rechten Körperseite aufwärts und auf der linken abwärts geht. Auf diese Weise wird eine ganz wichtige Grundeinstellung des gesamten Energiesystems gewährleistet. Die Chakras entscheiden über unser emotionelles Befinden wie auch über die spirituelle Entwicklung, denn sie speichern mit den Lichtbahnen gemeinsam alle Einprägungen des Lebens. Nun werde ich auf die Lichtbahnen näher eingehen, die den Meridianen der Chinesischen Medizin entsprechen.

Die Chakras – Hauptpforten für den Eintritt des Lichts
in unseren Energiekörper

Lichtbahnen oder Meridiane

Das Wissen von den Lichtbahnen wird Ihnen beim Praktizieren der Fernheilung sehr nützlich sein, denn Sie werden schon bald in der Lage sein, die Lichtbahnen Ihres Klienten zu fühlen und werden durch Ihre stille und aufmerksame Betrachtung blockierte Energie in Bewegung bringen können. Wie bereits erwähnt, sollen die Chakras rechtsdrehend schwingen, damit die Lebensenergie gut integriert werden kann. Von der Grundeinstellung der Chakras abhängig sind die Lichtbahnen, die das Licht und die Lebensenergie vom Kopf bis zu den Füssen verteilen und von den Füßen wieder aufwärts. Ähnlich wie der Blutkreislauf aus Venen- und Arterienblut besteht, unterscheiden wir bei der Lichtdurchströmung zwischen Yin- und Yang-Energie. Zarte Lichtbahnen sorgen dafür, dass die Lebensenergie, die auch mit dem chinesischen Begriff *Ch'i* bezeichnet wird, im ganzen Körper verteilt wird. Sie versorgen nicht nur den Körper mit all seinen Organen mit Lebensenergie, sie speichern auch seelische Potenziale und die Fähigkeit, sich im Leben zu behaupten und die Lebensaufgabe zu meistern.

Strömt die Lebensenergie in den Lichtbahnen ohne Blockaden, fühlen wir uns wohl, und unsere Organe bekommen genügend Kraft, um ihre Aufgaben zu erfüllen. Sind jedoch die Lichtbahnen durch blockierte Energie nicht mehr durchlässig für den harmonischen Fluss der Lebenskraft, so entstehen seelische und körperliche Krankheiten.

Ähnlich wie bei einem Baum, der mit den Wurzeln im Boden verhaftet ist und sich mit den Ästen zum Sonnenlicht ausdehnt, ist unser Energiesystem angelegt. Beim Baum fließen Wasser und Nährsalze von den Wurzeln hinauf zum Blätterwerk. Sonnenlicht wird aufgenommen, wandelt sich um und gibt dem Baum Festigkeit und Stabilität. So ähnlich strömt bei uns Yin-Energie von den Füßen hinauf bis zu den Fingerspitzen. An den Zehen- und Fingerspitzen ergibt sich ein „Wechselstromfeld", Yang wechselt zu Yin und Yin wechselt zu Yang. Von den Fingerspitzen strömt dann Yang-Energie zum Kopf hinauf und von dort weiter hinab bis zu den Füßen, wo sich an den Zehen der Kreislauf von Yin und Yang wieder schließt. Ein harmonisches Zirkulieren bringt das notwendige Chi oder die Lebensenergie somit in alle Teile des Körpers.

Die entsprechenden Organe sind – ähnlich wie bei unseren elektrischen Leitungen und Lampen – angeschlossen an das zirkulierende System der entsprechenden Lichtbahnen und erhalten von diesen die notwendige Lebenskraft für ein einwandfreies Ausüben der Aufgabe, die sie zu leisten haben in der Interaktion mit andern Organen, Zellen und dem Stoffwechsel. Ist jedoch das freie Zirkulieren der Lichtbahnen durch Blockaden behindert, entstehen Disharmonien im ganzen System – und in den entsprechenden Organen! Kann die Kraftdurchströmung nur mangelhaft geschehen, sprechen wir von Blockaden. Dann fließt die Lebensenergie nicht mehr frei, und hier sind die meisten Ursachen von Krankheiten seelischer oder körperlicher Art verborgen. Hier nun setzen die echten Heilungsprozesse an, indem blockierte Lebensenergie gelöst wird. Wir können diese Blockaden wie im Buch *Lichtbahnen-Heilung* (Windpferd-Verlag) beschrieben, bei einer Lichtbahnen-Therapie direkt am Körper lösen, was sehr effizient ist – aber wir sind mit entsprechender Einfühlung und Übung auch in der Lage diese Blockaden aus der Ferne zu spüren und auch zu lösen. Das Lösen von Blockaden im Energiesystem bewirkt daher eine neue Durchflutung von Licht- und Heilkraft. Die Seele blüht auf, Lebensfreude erwacht und der Körper heilt sich selbst durch die Super-Intelligenz, die dem Lichte innewohnt. Bald werden Sie lernen, diese wundervolle Aufgabe im Dienste des Lichtes und im Dienste ihres Mitmenschen zu erfüllen.

In diese an Wunder grenzende Möglichkeit des Fernheilens werde ich Sie nun weiter einführen. Ein Beispiel aus meiner Praxis soll Ihnen zunächst ein Bild geben, wie eine Serie von Fernbehandlungen beglückende Heilergebnisse brachte. Dann werden wir noch den Zusammenhang von Elementen, Engelwelt und dem Lichtbewusstsein untersuchen, welches ein Fernheilen überhaupt erst möglich macht.

Hier zeige ich auf, wie die Lichtbahnen das Licht im Energiesystem verteilen.

Dickdarm – Dreifach-Erwärmer – Dünndarm

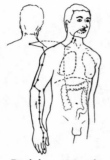 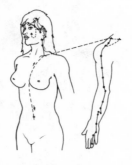 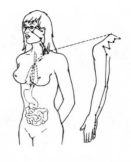

Dickdarm-Meridian   Dreifacher-Erwärmer-   Dünndarm-Meridian
                        Meridian

Yang-Lichtbahnen von den Fingerspitzen zum Kopf

Magen – Gallenblase – Blase

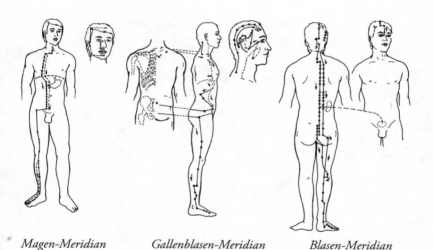

Magen-Meridian   Gallenblasen-Meridian   Blasen-Meridian

Yang-Lichtbahnen vom Kopf zu den Füßen

Milz – Leber – Nieren

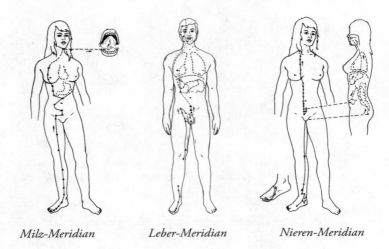

Milz-Meridian   *Leber-Meridian*   *Nieren-Meridian*

Yin-Lichtbahnen von den Füßen zur Brustgegend

Herz – Lunge – Kreislauf-Sexus

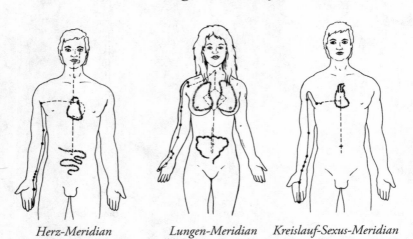

Herz-Meridian   *Lungen-Meridian*   *Kreislauf-Sexus-Meridian*

Yin-Lichtbahnen von der Brustgegend zu den Fingerspitzen

Beispiel aus meiner Praxis

Die Mutter eines neuneinhalbjährigen Jungen ruft mich an, weil ihr Sohn Andreas sehr unter Asthma leidet. Er inhaliert regelmäßig Cortison, fühlt sich in der Schule wegen seiner Atemnot oftmals ausgeschlossen und leidet sehr darunter. Die Mutter möchte eine andere Möglichkeit suchen, um ihrem Sohn zu helfen. Ich offeriere ihr eine Fernbehandlung für ihren Jungen.

Ich stimme mich über den Namen des Jungen in sein Energiesystem ein. Dabei nehme ich alle Blockaden über meinen eigenen Energiekörper wahr, denn mein Energiekörper verbindet sich mit dem Energiekörper von Andreas.

Zu Beginn spüre ich, dass es in Nase und Schläfen einen enormen Druck gibt. Auch der Hinterkopf und die Halswirbelsäule sind bis zu den Ohren sehr stark blockiert. Dann versetze ich mich in den Geburtsvorgang von Andreas ... und spüre, er trägt noch jetzt ein belastendes Energiemuster aus dem Geburtsvorgang in sich. Ich fühle auf seinem Kopf einen sehr starken Druck, das Solarplexus-Chakra zittert vor Stress, es hat sich viel Hitze im Bauch und in der Brustgegend gestaut. Im sechsten Lebensjahr finde ich eine Einprägung, die seine Brust mit den Bronchien sehr belastet hat. Der Nacken, der Hinterkopf, die Zähne und die ganze Kieferpartie sind stark blockiert. Die Mutter erklärt mir später, dass damals seine Schwester geboren wurde. Andreas war dann sehr eifersüchtig auf seine Schwester. Ich löse nun während zwei Wochen täglich seine Blockaden.

Der telefonische Austausch mit der Mutter ist sehr ermutigend. Sie meint, dass Andreas viel entspannter sei und auch weniger oft inhalieren müsse. So beschließen wir, eine weitere Serie zu machen. Es stellt sich noch heraus, dass in seinem neunten Lebensjahr die Oma starb, die Andreas sehr liebte. Es war für ihn damals ein großer Schock. Ich versetze mich ganz besonders in sein neuntes Lebensjahr und finde enorme Trauer in seinem Herz-Chakra. Auch das Solarplexus-Chakra fühlt sich „hüpfend" an vor lauter Stress und Ablehnung. Dies hat den Magen-Meridian in der Brustgegend sehr blockiert. Ich löse während zwei Wochen viele weitere Blockaden in seinem Energiesystem.

Der nachfolgende telefonische Austausch ist wiederum sehr erfreulich. Andreas ist viel lebhafter, sein Asthma ist wesentlich besser geworden, er kann wieder beim Turnen mitmachen. Die Mutter wünscht noch einmal eine Serie Fernbehandlung.

Es gibt bei ihm noch Blockaden in den Bronchien, immer wieder fühle ich Schleim in der Nase und in der Rachengegend. Auch das Zwerchfell ist noch nicht ganz frei, Hinterkopf und Halswirbelsäule haben noch Blockaden, die ich nach und nach löse. Wenn ich bei solcher Einfühlung jeweils nach einigen Minuten den Strom einer Lichtwelle durch meinen Körper wie eine Woge hinunter bis ins Becken fließen fühle, bin ich sehr zufrieden. Ich weiß, die Blockade in der betreffenden Person ist nunmehr gelöst.

Nach dem abschließenden Austausch ist die Mutter überaus glücklich: Andreas muss nicht mehr inhalieren, das Asthma hat sich so gebessert, dass er keine großen Einschränkungen mehr hat. Wir beide sind sehr dankbar, dass die Engel Andreas und der ganzen Familie so wunderbar geholfen haben.

Die Seele blüht auf, Lebensfreude erwacht

Erzengel im Spiel der Elemente

Sie werden staunen über die Macht Ihres Bewusstseins, wenn Sie Fernheilung praktizieren. Aber niemals dürfen Sie vergessen, dass Sie nur mit Unterstützung der Engel und geistigen Helfer in der Lage sind, mit Ihrem Lichtbewusstsein Heilkraft zu verbreiten. Nehmen Sie jeden Tag dankbar Kontakt auf mit Ihren unsichtbaren Helfern, denn sie dienen Ihnen und dem verborgenen Liebeslicht Gottes. Dann werden Sie immer stärker die Verbindung zur geistigen Lichtebene spüren, die mit Ihnen zusammenwirkt und die sowohl in der unsichtbaren Sphäre wie auch in der sichtbaren Welt die weisen Gesetze des Lebens bewahrt. Hier wirken die Erzengel im wunderbaren Reigen der Elemente, die wir in der Natur bestaunen können. Das Gotteslicht ist darin verborgen, und wir haben die Aufgabe, es mit unserem Tun zu bewahren. Alles ist Energie – auch die vermeintlich leeren Lufträume. Was sich unseren Sinnesorganen offenbart, ist das Vordergründige. Der Hintergrund jedoch besteht aus feinstofflichen Energiefeldern – eine unzählige Vielfalt von geometrischen Formen und Mustern. Hochschwingende Ordnungshüter, die Erzengel mit hilfreichen Myriaden von Engeln, zaubern aus dem fließenden Ozean des göttlichen Urgrundes unsere irdische Welt hervor, die wir als verdichtetes oder stagniertes Licht bezeichnen können. Die Elemente nun können ein Ausdruck der materiellen wie auch der geistigen Ebene sein. Es geht hier um ein Durchdringen von fließenden Energiewellen, die zueinander in einer grandiosen Analogie – einem Zusammenspiel von Spiegelungen ähnlicher Muster – stehen. Für uns bedeutet es ein harmonisches Zusammenwirken im Körper, in der Seele wie auch in der Natur, die allesamt in der göttlichen Weisheit verankert sind. Seit Menschengedenken werden die Erzengel als Hüter der Gesetze Gottes im Zusammenhang mit den Elementen von der höheren, unsichtbaren Schwingungsfrequenz bis in die sichtbare Naturschöpfung verehrt.

Unsere Sinnesorgane helfen uns, diese irdische Welt wahrzunehmen und zu erfahren. Sie sind ein Ausdruck der fünf Elemente. Wenn Ihnen bis jetzt nur vier Elemente vertraut waren, könnte das altchinesische Wissen eine willkommene Bereicherung sein. Meine Heilweise basiert auf der altchinesischen Lehre, denn hier finden wir einen reichen Wissensschatz von Heilkundigen. Sie erkannten in den Gesetzen der Natur das Zusammenspiel von fünf Elementen. Meine Hellfühligkeit gab mir vor vielen Jahren die Fähigkeit, die Energieströme im Menschen zu fühlen, lange bevor ich die chinesische Meridian-Lehre kannte. Ich fand jedoch darin eine wundervolle Bestätigung meiner feinstofflichen Wahrnehmungen der Energieleitbahnen. Die nachfolgende Tabelle weist auf einige wenige wichtige Zusammenhänge hin. Bedenken Sie jedoch, dass die fünf Elemente sowohl kosmische Dimensionen feinstofflicher Art wie auch irdische grobstoffliche Ausdrucksformen des Lebens umfassen. Hier sehen Sie einen kleinen Ausschnitt aus der Vielfalt. Die Tabelle zeigt die fünf Elemente mit den zugeordneten Organen, Sinneswahrnehmungen, der zugeordneten Körperflüssigkeit und den Lichtbahnen:

Elemente	Sinnes-organe	Sinne	Flüssigkeit	Lichtbahnen/Meridiane
Holz	Augen	Sehen	Tränen	Gallenblase/Leber
Feuer	Zunge	Sprechen	Schweiß	Dünndarm/Herz
				Dreifach-Erwärmer/Kreislauf
Erde	Mund, Lippen	Schmecken	Speichel, Lymphe	Magen/Milz
Metall	Nase	Riechen, Tasten	Schleim	Dickdarm/Lunge
Wasser	Ohren	Hören	Urin	Blase/Nieren

Hinter allen Manifestationen der irdischen Welt verbirgt sich eine geistige Dimension, die nicht mit Sinnesorganen wahrnehmbar ist. Und gerade diese geistige Dimension verleiht der irdischen Schöpfung jene Kraft und Intelligenz, die alles zu einem Wunderwerk formiert und bewahrt. Da alles Vordergründige ein Ausfließen aus einer uns weitgehend verborgenen Wirklichkeit darstellt, drängt es uns, unseren Blick auf das Dahinterwirkende zu wenden. Wir haben fünf Sinnesorgane für das Irdische, haben aber auch geistige Anlagen, um die feinstoffliche Ebene zu ergründen. Dies ist unser Lichtbewusstsein, das sich in den letzten Jahren bei vielen Menschen wunderbar entwickelt hat. Ich werde Sie mit der praktischen Anleitung zum Fernheilen in diese Ebene des Bewusstseins hineinführen. Je nach Veranlagung können folgende medialen Begabungen zur Entfaltung gebracht werden.

Hellsehen   Hellfühlen   Hellhören   Hellriechen

Erzengel als Hüter der Gesetze im Zusammenhang mit den Elementen

Wenn wir in der Stille den Kontakt suchen zu den hochschwingenden Erzengeln, leuchtet ein heller Lichtstrahl aus den hohen Lichtwesen in unseren Lichtkörper. Aber sie wirken nicht nur in unserem Körper, sondern eben auch in den formenden Naturkräften. Sie dienen dem Licht Gottes, und sie dienen den Menschen und der ganzen Schöpfung mit den höchsten Prinzipien der Liebe und verströmen den Segen in die sichtbare Ebene der Welt, in der wir leben.

Auf der folgenden Tabelle finden Sie das Kräftespiel der Elemente mit den entsprechenden Erzengeln und ihrem Lichtsegen aufgeführt.

Wasser	Erzengel **Gabriel**	Weisheit Gottes
Holz	Erzengel **Nathanael**	Transformation zum Licht Gottes
Feuer	Erzengel **Michael**	Liebe Gottes
Erde	Erzengel **Uriel**	Frieden Gottes
Metall	Erzengel **Raphael**	Heiler Gottes

Im Lichtbewusstsein sind wir verbunden mit der geistigen Dimension der Erzengel. Wenn Sie einen der oben genannten Namen *denken*, sind Sie bereits unmittelbar verbunden mit dem gebündelten Lichtstrahl des betreffenden Engels. Eine ähnliche Verbindung findet jedoch auch statt, wenn Sie den Namen eines Mitmenschen denken bei einer Fernheilung. Dann sind *Sie* der gebündelte Lichtstrahl in einer empathischen Verschmelzung beider Lichtkörper. Wir erzeugen mit unseren Gedanken Resonanzwellen im Meer des Universums und sind dadurch integriert in den Schöpfungsprozess, der um uns herum fortwährend Gestalt annimmt.

Betrachten Sie aufmerksam das herrliche Wunderwerk der Natur in Ihrer unmittelbaren Umgebung. Versenken Sie sich in das Wesen der Elemente. In allem, was Sie betrachten, erkennen Sie eine tiefe Wahrheit: Durch das Vordergründige zeigt sich wie eine Spiegelung eine Kraft, die ähnlich oder analog im Ozean des allumfassenden Liebeslichtes wirkt, nämlich in der unsichtbaren Ebene. Nachfolgend durchschreiten wir mit unserer Betrachtung die Prinzipien der Erzengel mit den fünf Elementen.

Element Wasser

Betrachten wir das Element WASSER mit der Wirkungskraft des Erzengels GABRIEL! Ohne Wasser gibt es kein Leben auf dieser Erde. Kein Gras, kein Baum kann ohne Wasser gedeihen. Lebewesen entstehen im Fruchtwasser. Die Sonne zieht Wasser in die Atmosphäre empor, Wolken bewegen sich über Kontinente und fallen als Regentropfen auf den Boden. Im Boden sammelt sich das Wasser, wird angereichert mit Mineralien (Metall) und sprudelt aus einer Quelle an die Oberfläche. Es entstehen Flüsse, Ströme und der Kreislauf schließt sich in den Meeren. Dieser Prozess findet auf ähnliche Weise in unserem Körper statt: Wir haben durch den Atem Verdunstungskraft, wir haben die Verstoffwechselung in der Verdauung, und das „Grundwasser" sammelt sich in der Blase. *Niere* und *Blase* helfen den Körper zu reinigen.

Aber noch viel zarter ist das Wasser des Lebens in der Seele, denn auch die Seele entspricht dem Element Wasser. Sie nimmt auf, wird Gefäß, kann heftig bewegt werden, und die Augen können mit Tränen die Bewegtheit der Seele zeigen. Jede Meditation bringt eine wohltuende Ruhe ins Bewusstsein, das uns eine klare Sicht in die Tiefe des eigenen Seelengrundes gestattet. Aber wir alle wissen, wie schwer es manchmal fällt, die innere Ruhe ohne Gedankentätigkeit zu bewahren. Gedanken und Sorgen kreisen im Kopf und verhindern es, ganz in der Kraftquelle zu verweilen. Und doch ist diese Stille so wichtig, um in uns das Licht zu nähren, in das Lichtbewusstsein – die Grundlage des Fernheilens – einzutauchen. Üben Sie bitte Geduld mit sich selbst, betrachten Sie diese Vorgänge in ihrem Bewusstsein, Sie sind Herr und Meister Ihres Bewusstseins und können sich selbst wieder mit Liebe und Nachsicht und mit einem Gebet oder mit einer Anrufung eines heiligen Namens in Ihre Mitte bewegen. Achten Sie auf positive Vorstellungen wie zum Beispiel eine vertrauensvolle Zukunftserwartung und vermeiden Sie Gedanken, die Angstgefühle erzeugen. Darunter würde das Wasserelement im Körper – mit Blase und Nieren – leiden. Wenn Sie ganz in der Stille verweilen, dann ergießt sich die Weisheit Gottes in das Lichtbewusstsein. Dann ist der Erzengel Gabriel ganz nahe.

Erzengel verströmen den Segen in die sichtbare Welt

Element Holz

Betrachten wir das Element HOLZ mit Erzengel NATHANAEL!
Jeder Baum, jede Pflanze, ja jedes Samenkorn hat den Drang, sich
zum Sonnenlicht hin zu entfalten. Ein Baum nimmt sich den Raum,
den er braucht, dehnt seine Äste nach allen Seiten aus, um das
Sonnenlicht optimal aufnehmen zu können.

Jeder Neuanfang entspricht dem Element HOLZ. Das kann die
Morgendämmerung sein, der Frühling oder auch etwas, was wir
mit neuem Elan anpacken wollen. Wir brauchen in unserem Leben
Entscheidungskraft und den Willen, etwas Neues zu tun. Wenn
wir jedoch denken, dass wir etwas nicht schaffen werden, fehlt es
an der Entfaltungskraft des HOLZ-Elementes. Eine nicht gelebte
Energie des Elementes Holz staut sich und erzeugt Wut und Ärger.
Da nun die Lichtbahnen der *Gallenblase* und der *Leber* auch diesem
Prinzip unterstehen, ist es offensichtlich, dass diese Organe darunter
leiden könnten. Erzengel Nathanael hilft uns in unserem heutigen

Transformationsprozess, hilft uns als Entfaltungskraft mit seinen zarten Inspirationen und neuen Ideen auf dem Weg zum Licht

Element Feuer

Betrachten wir das Element FEUER mit Erzengel MICHAEL! Im Sommer herrscht das Feuerelement fühlbar mit Wärme, mit Begeisterung und mit Lebensfreude. Die Sonne ist ein wunderbares Abbild des Gotteslichtes. Sie verströmt ihre Strahlen, die eingewoben werden in alles Wachsende und sich Entfaltende auf unserer Erde.

Wir selbst entfalten uns, wenn wir gut durchströmt sind mit Licht, Lebensfreude, Begeisterungsfähigkeit und Liebe. Wir selbst werden zu einer Quelle von Wohlergehen und Freude mit einem liebenden Herzen. Erwarten wir jedoch mehr von unseren Mitmenschen, als diese zu geben vermögen, sind wir enttäuscht und verletzt im Herz-Chakra. Mit Verstehen und Erkennen können wir manche Enttäuschung überwinden und das Herz wieder öffnen. Davon profitieren die Lichtbahnen *Herz* und *Dünndarm* und zudem der *Dreifach-Erwärmer* und *Kreislauf,* und sie dienen auch den entsprechenden Organen mit einer guten harmonischen Funktion. Erzengel Michael ist wie die geistige Sonne für uns da, um unseren Lichtkörper im Licht Gottes zu bewahren, uns zu beschützen und unser Liebeslicht zu entfalten.

Element Erde

Betrachten wir das Element ERDE mit Erzengel URIEL! Wie wunderbar liebevoll ist doch Mutter Erde zu ihren Geschöpfen. Auf einer relativ dünnen Schicht gedeiht auf dem Humus alles, was wir für unsern Körper benötigen. Sie gebiert im Zusammenspiel mit dem Sonnenlicht alles Leben dieser Erde. Von der Nahrung bis zu den Heilkräutern ist alles in Fülle wunderbar geordnet. Wir nehmen Nahrung in unserem Körper auf, und *Magen* und *Milz* sorgen für eine gute Assimilation. Auf der seelischen Ebene ist es das Vertrauen und die Zufriedenheit, die dem Element ERDE entspricht. Sind wir jedoch unzufrieden mit den Lebensumständen oder mit den Mitmenschen, sind wir voller Kritik und Ablehnung, so leiden darunter die Lichtbahnen *Magen* und *Milz* und reagieren mit Blockaden. Das hat zur Folge, dass auch die Organe Magen und Milz in ihrer Funktion der Integrierung und Assimilation beeinträchtigt sind. Der Frieden des Erzengels Uriel verschenkt aus der Quelle des allgegenwärtigen Liebeslichtes Harmonie und Frieden im Inneren.

Element Metall

Betrachten wir das Element METALL mit Erzengel RAPHAEL! Alles ist Schwingung, ist Bewegung. Die Jahreszeiten und auch Tageszeiten unterstehen den wechselnden Kräften der Elemente. So ist die Zeit des Novembers und Dezembers dem Element METALL zugeordnet. Die Kräfte der Natur ziehen sich zurück, um sich zu erneuern, damit sie ihr Potenzial neu entfalten können, wenn das Licht wieder stärker wird. Alles im Leben ist fließende Energie, ist Bewegung und Rhythmus, nur das Tote ist ohne Bewegung. Wir atmen ganz automatisch ein und aus. Die Lungen nehmen Sauerstoff, der von den Blättern der Bäume geschenkt wird, auf für die Erneuerung unseres Blutes. Wir sind verbunden mit der Außenwelt, sind in einem grandiosen Austausch mit den Bäumen und Pflanzen, denn sie produzieren Sauerstoff für alle Lebewesen der Erde. Bewegung ist Leben und Erneuerung, was sich spiegelt in unseren *Lungen* wie auch im *Dickdarm*.

Auch der Lebensweg verlangt immer wieder Bewegung und Anpassung: Vergangenes ist vorbei, Neues kommt und wird auch wieder etwas Gutes bringen. Wenn wir jedoch an vergangenen Zuständen festhalten, wird der vertrauensvolle Fluss einer positiven Erwartung gestaut. Es entsteht Trauer und eine depressive Grundstimmung, und dabei werden die Lichtbahnen mit den Organen *Lunge* und *Dickdarm* betroffen sein.

Vertrauen Sie auf die wunderbare Lichtdurchströmung des Energiesystems mit der Heilkraft des Erzengels Raphael. Er trägt die Weisheit des Heilens durch ein strömendes Licht, das alles in Bewegung hält. So wie wir atmen, so werden wir durch wunderbare Lichtwellen des großen Atems Gottes bewegt und genährt. Erzengel Raphael wacht über dieses erneuernde Strömen des Lichtes und schenkt uns Heilkraft bei allen Beschwerden.

Noch heute gehören die Weisheiten des alten chinesischen Weisen Lao Tse, der vor mehr als 2500 Jahren in China gelebt hat, zu den ewig währenden Wahrheiten.

NICHTS AUF DER WELT
IST SO WEICH UND NACHGIEBIG WIE DAS WASSER.
UND DOCH BEZWINGT ES DAS HARTE UND STARKE.
NICHTS KOMMT IHM DARIN GLEICH.

DAS SCHWACHE ÜBERWINDET DAS STARKE,
DAS WEICHE ÜBERWINDET DAS HARTE.
NIEMANDEM IN DER WELT IST ES UNBEKANNT,
DOCH VON KEINEM WIRD ES ANGEWANDT.

DARUM SAGT DER WEISE:
WER AUF SICH NIMMT DEN SCHMUTZ IM LAND,
DER SEI ALS PRIESTER ANERKANNT.
WER AUF SICH NIMMT AUCH NOT UND PEIN,
DER MAG DES REICHES KÖNIG SEIN.

WAHRE WORTE SIND WIE UMGEKEHRT.

Fernheilen –
Heilen im allumfassenden
Liebeslicht

GLÜCKSELIG BIST DU, GELIEBTE SEELE, WENN
DU LIEBENDE WÄRME VERSTRÖMST UND FÜHLST,
DASS ALLES WIEDER AUF DICH ZURÜCKKOMMT.
FREUE DICH DARAN!

Meditation entfaltet das Lichtbewusstsein

Grundlage für eine erfolgreiche Arbeit im Dienste des Lichtes ist die tägliche Meditation. Tief in unserem Inneren ist eine Sehnsucht nach dem verborgenen Liebeslicht angelegt. Im Verlaufe des Lebens spüren viele von uns immer wieder das Bedürfnis, den Schleier, der uns von der geheimnisvollen Lichtwelt Gottes trennt, durchlässiger zu machen. Die liebevollen, unsichtbaren Begleiter, die unseren Lebensplan kennen, führen uns und geben uns Impulse für unsere Entwicklungsschritte in dieser irdischen Welt. Wir spüren mehr und mehr das Sehnen nach innerer Stille oder nach Gebet, um mit der Lichtwelt in Kontakt zu kommen. Das Bedürfnis nach geistiger Nahrung kann durch tägliche Meditation gestillt werden. In Momenten der Stille eröffnet sich uns dann bald eine sprudelnde Quelle, die wir nicht mehr missen möchten. Das innere Befinden verändert sich zum Guten hin, und auch das Äußere beginnt sich zu harmonisieren.

Nehmen Sie sich Zeit für die Stille! Suchen Sie sich einen ruhigen Platz, wo Sie ungestört verweilen können. Zünden Sie eine Kerze an, setzen Sie sich auf einen Stuhl oder ein Meditationskissen. Atmen Sie bewusst ein und aus. Das aufmerksame Betrachten des Atems sammelt Ihre Gedanken und lässt die Außenwelt nach und nach zurücktreten. Es ist eine altbewährte Meditationspraxis, die z.B. auch im Buddhismus geübt wird. So gehen Sie in die Stille und weiten den inneren Raum, das heißt, Sie sammeln Ihre Wahrnehmung auf einen kleinen Punkt in Ihrem Inneren. Sie können den Atemrhythmus beobachten, die Bewegung Ihres Körpers durch den Atem fühlen. Auf einer subtilen Ebene können Sie aber auch die zarten Lichtwellen fühlen, die aus dem großen Atem Gottes wie zarte Ströme durch Ihr Energiesystem fließen.

Die Gedankentätigkeit wird in diesem heiligen Zustand der inneren Sammlung zur Ruhe gebracht. Oft merken wir zu Beginn, dass die Gedankentätigkeit unsere Konzentration stört, denn dann verweilen wir mit unserem Bewusstsein irgendwo außerhalb des Körpers. Wenn dies geschieht – und es ist auch nicht zu vermeiden –, haben wir immer von neuem die Gelegenheit, in den heiligen inneren Raum zurückzukehren und das Bewusstsein auf einen kleinen Punkt zu lenken. Wenn wir durch das Dritte Auge in der Mitte unserer Stirn die Farben des Regenbogens schauen lernen, kann dies eine gute Hilfe sein, um in höchster Konzentration zu verweilen. Dann sind wir in der Lage, das geistige Licht durch die Stirn ruhig zu beobachten, und können die fließenden Energien in der feinstofflichen Ebene sehen.

Versuchen Sie nun ihre Gedanken zur Ruhe zu bringen. Lauschen Sie nur noch in Ihr Inneres. Der innere Raum weitet sich, das Äußere wird kleiner. Bewahren Sie die Leere und Stille so lange es Ihnen gelingt. Üben Sie jeden Tag, den Zustand des absoluten Friedens in sich zu bewahren. Auch wenn Gedanken Sie hin und wieder einholen, ist dies kein Grund sich aufzuregen: Es ist ganz normal! Aber versuchen Sie es immer wieder und es wird Ihnen immer besser gelingen. In diesem heiligen Zustand werden wir unendlich beschenkt, denn wir sind als leeres Gefäß bereit, die Weisheit des allumfassenden Liebeslichtes zu empfangen. Intuitive Eingebungen, heilendes Licht, beglückende Lichterfahrungen und vieles mehr hinterlassen unvergessliche Eindrücke in unserem

Bewusstsein. Alle geistigen Fähigkeiten sind Geschenke aus der inneren Stille. Mit dem Eigenwillen etwas erreichen zu wollen, bringt keine Früchte. Es ist ein passives, weibliches Empfangen, das in Ihnen das innere Licht wie eine sich im Sonnenlicht entfaltende Blüte zur Entfaltung bringen wird. Sobald wir etwas wollen oder erwarten, geschieht nichts, denn der Eigenwille ist mit der Gedankenwelt verknüpft und stört unsere Verbindung zur geistigen Lichtwelt. Vordergründig scheinen wir allein zu sein, aber im Geiste sind wir wunderbar verbunden mit der allumfassenden Lichtebene des kosmischen Christus-Bewusstseins. Eingebettet in dem bereits erwähnten immensen Lichtgitternetz werden wir liebevoll geführt und von unseren geistigen Helfern, die uns beistehen in dieser irdischen Inkarnation, unendlich geliebt. Wir sind im meditativen Zustand im Lichtstrahl des unendlich liebenden Ozean des Lichts und verbunden mit der Weisheit des heiligen Geistes.

Freuen Sie sich jeden Tag über die Kraft, die aus der inneren Stille fließt. Sie werden in diesen Momenten unendlich beschenkt werden. Ihre Lebensenergie wird sich vermehren, Sie werden mit guten Ideen oder Inspirationen beglückt, die Ihnen im Alltag sehr nützlich sein werden. Sie werden eine wunderbare Intuition entwickeln, die Sie zu einem ganzheitlichen Menschen entfaltet. Sollte es Ihnen schwer fallen, die Gedanken zur Ruhe zu bringen, ist es sehr hilfreich, mit geführten Meditationen zu üben. Sie finden im Anhang eine Liste von Meditationen, die ich gestaltet habe und mit zarter Musik unterlegen ließ. Sie sind für viele Menschen zu einer Meditationshilfe geworden und tragen dazu bei, die Seele zum Licht zu öffnen.

Das Heilende Fühlen

Der meditative Bewusstseinszustand, dieses heilsame „Nach-innen-Schauen", vermag den eigenen heilenden Lichtstrahl in unseren Körper hinein zu lenken. Dabei fühlen wir aufmerksam alle Stellen des Körpers, die uns möglicherweise Beschwerden verursachen. Diese Stellen sind blockierte Lichtbahnen und rufen nach Erlösung. Sie fühlen sich zumeist an wie ein besonderer Druck, sei es im Nacken, im Hinterkopf oder irgendwo im Energiesystem, denn im ganzen Körper können Energieblockaden auftreten. Blockierte Lichtbahnen, so scheint mir manchmal, sind wie weinende Kinder, die getröstet werden möchten. Nehmen Sie diese Stellen liebevoll und aufmerksam an, bis Sie fühlen, dass die blockierte Energie wieder fließt! Mit Erstaunen können wir dann spüren, wie blockierte Energie in Bewegung kommt und sich in das Energiesystem ergießt – wie eine durch den Körper fließende Lichtwelle. Und wenn Sie ihr eigenes Energiesystem erfühlen können, sind Sie auch bald in der Lage, das Energiesystem von einem weit entfernten Menschen zu fühlen und in der Verschmelzung der Energiekörper dann *seine* Blockaden zu lösen. Alles gute Gelingen fängt in der Stille an – und bald werden Sie ihr Lichtbewusstsein über die ganze Erde ausdehnen können.

In der absichtslosen Verschmelzung der Energiekörper beim Fernheilen wird der andere Mensch mit seinem Energiesystem am eigenen Körper gefühlt, als ob Sie selbst dieser Mensch wären. Ohne jede mentale Einwirkung wird diese Form des Heilens nur durch empathisches Einfühlen in das Energiesystem eines Menschen ungeahnte Heilung schenken. Das *Heilende Fühlen*, wie ich es nenne, und aufmerksame Betrachten der Energieblockaden allein *ist* bereits in der Lage, Energieblockaden aufzulösen! Wie ist dies möglich? Aus meinem Bewusstsein entsteht durch das aufmerksame Betrachten in äußerster Aufmerksamkeit ein Kraftstrom. Lichtwellen fließen konzentriert auf diejenigen Stellen, die ich als Druck oder Emotion fühle. Auch hier gilt dasselbe Gesetz der echten Heilung wie bei der Lichtbahnen-Behandlung direkt am Körper: Lichtbahnen und Chakras sollen ein harmonisches Strömen der Lebensenergie in den physischen Körper hinein gewährleisten. Heilung geschieht, indem störende Blockaden im Energiesystem des Lichtkörpers aufgelöst werden. Nur durch ein fließendes Strömen des Lichtes kann Wohlbefinden und Gesundheit im Körper wie in der Seele gedeihen.

Nichts liegt außerhalb Seines Wirkens

Das Heilende Fühlen umfasst auch die Möglichkeit der aufmerksamen Betrachtung der Chakras. Hier können schmerzliche Emotionen gefühlt werden, die dort irgendeinmal im Leben eingeprägt wurden und darauf warten, erlöst zu werden. Sie können sich selbst oder eben durch das Erfühlen und Betrachten einen Mitmenschen auch auf große Entfernung von alten Einprägungen befreien. Vertrauen Sie darauf, dass Sie imstande sind, diese zu lösen. Eine Selbst-Behandlung ergibt eine gute Voraussetzung, um auch andere Menschen mit ihren Nöten zu fühlen. Ich werde Ihnen nachfolgend noch mehr Informationen über die immense Speicherkapazität des Energiekörpers geben. Dann werden Sie die wundervolle Entdeckung machen, dass Sie nicht nur sich selbst, sondern aus der Ferne auch andere von alten seelischen Verletzungen und körperlichen Beschwerden befreien können. Das wird Ihr Leben unglaublich bereichern, und auch Sie werden ein Werkzeug des Lichtes werden und eine wundervolle Aufgabe erfüllen.

In der Stille lernen wir das Energiesystem zu fühlen und erwachen im Lichtbewusstsein. Dann werden wir mehr und mehr die zarten, durch den Energiekörper fließenden Lichtwellen wahrnehmen können. Diese zarten Lichtwellen nenne ich den *Atem Gottes*. Etwas langsamer als der eigene Atemrhythmus fließen diese heilenden Lichtwellen in regelmäßigen Abständen durch unser Energiesystem. Es sind Wellen, die vom Kopf durch die Chakras und Lichtbahnen bis zu unseren Füßen fluten. In dieser tiefen Kontemplation fühlen wir uns eins mit dem Licht der Engel und mit dem liebenden Urgrund allen Seins. Dabei empfinden wir ein Gefühl von tiefer Dankbarkeit zu unserem Schöpfer, der mit diesem Licht wundervoll durch uns strömt und in uns verweilt. Er kennt und liebt uns so wie wir sind, denn wir leben durch ihn, er ist Teil unseres Bewusstseins. Nichts liegt außerhalb seines Wirkens. Öffnen wir unser Bewusstsein mehr und mehr zum großen Licht!

Sie wissen nun: Dank der Wirkungskraft der Engel und geistigen Helfer sind wir jederzeit in der Lage, räumliche und zeitliche Trennungen zu überschreiten. Öffnen wir zunächst also den inneren Raum der Stille, wobei die Gedanken ganz zur Ruhe kommen. Ich möchte diesen Abschnitt mit einem großartigen Text zur Meditation aus dem 18. Jahrhundert beschließen.

WENN DU MEDITIERST UND DEINE SPONTANEN GEDANKEN VOR GOTT AUSSPRICHST, KANNST DU WÜRDIG WERDEN, DICH VON ALLEM BÖSEN VERLANGEN UND JEGLICHER BÖSER REDE ZU LÖSEN. DU WIRST DANN IN DER LAGE SEIN, DICH VON DEINER GESAMTEN MATERIELLEN EXISTENZ ZU LÖSEN, UND WIRST EIN TEIL DER WURZEL WERDEN …

WENN DU DIESER AUFLÖSUNG WAHRHAFT WÜRDIG BIST, WIRD DEINE SEELE TEIL IHRER WURZEL WERDEN, WELCHE GOTT IST, DIE NOTWENDIGE EXISTENZ. DIE GANZE WELT WIRD GEMEINSAM MIT DEINER SEELE IN DIESER WURZEL ENTHALTEN SEIN.

Rabbi Nachman von Breslov, Ukraine, 1772–1810

Beispiel aus meiner Praxis

Maria T. sucht Kontakt mit mir und bittet mich um eine Fernbehandlung, weil sie sich sehr müde und erschöpft fühlt. Sie hat eine anstrengende Zeit hinter sich, fühlt sich innerlich leer und hat Schwierigkeiten, Entscheidungen zu treffen.

Bei der ersten geistigen Verbindung finde ich überaus starke Blockaden im Kiefer-, Kinn- und Ohrenbereich. Der Beckenboden ist sehr blockiert und der ganze Gesäßbereich fühlt sich kalt an. Auch bei weiteren Kontakten melden sich viele Kopfblockaden, insbesondere in der Scheitelpartie fühle ich einen starken Druck. Die Yang-Energie ist in allen drei absteigenden Lichtbahnen, nämlich im *Magen-*, *Blasen-* und *Gallenblasen*-Meridian zu sehr im Kopf blockiert und erzeugt dort eine Überhitzung – das Becken und die Beine werden dagegen zu wenig durchwärmt.

Nun rufe ich im Stillen den Geburtsvorgang ab und entdecke, dass die Scheitelpartie des Kopfes stark belastet wurde. Die Strapazen der Geburt haben das Solarplexus-Chakra überfordert, ich fühle dort ein leises Zittern. Kopfblockaden werden in stiller Empathie angeschaut, bis ich eine zarte Lichtwelle durch den Körper fließen fühle. Während zwei Wochen löse ich täglich mehrere Blockaden, schaue hin und wieder, ob das Geburtstrauma ganz gelöst ist. Ich rege geistig die Chakras an mit den kraftvollen Mantras des Vaterunser-Gebetes.* Nach und nach fließen Lichtwellen durch ihren Energiekörper, und ich sehe im Dritten Auge helles Licht.

Nach ein paar Wochen meldet sich Maria wieder und schildert mir, wie sehr sich ihr Befinden verbessert hat. Auch sie hat zu Beginn ihre innere Kälte gefühlt, nach und nach aber eine innere Erwärmung festgestellt. Dann bekam sie wesentlich mehr Energie zur Verfügung. Sie konnte wieder Projekte in Angriff nehmen, die vorher immer auf die Seite geschoben wurden, weil sie einfach die Energie nicht aufbringen konnte. Sie hat wieder eine positive Zukunftserwartung, weil sie jetzt in der Lage ist, Entscheidungen

---

* Trudi Thali, *Das Vaterunser als Chakra-Meditation,* erhältlich als Buch und CD, siehe Literaturverzeichnis

zu treffen. (Die Entscheidungskraft liegt im *Gallenblasen*-Meridian, den ich von Blockaden befreit hatte.) Mit Dankbarkeit verabschieden wir uns voneinander.

Praktischer Ablauf einer Fernbehandlung

Nachdem ich Sie mit den Grundlagen der Lichtbahnen-Fernheilung vertraut gemacht habe, möchte ich Ihnen nun einen Einblick in die praktische Arbeit geben. Seit vielen Jahren praktiziere ich Heilen auf Distanz. Die positiven Rückmeldungen haben mir Gewissheit gegeben, dass die Art und Weise, wie ich Fernheilung erlebe und geben kann, eine wunderbare Möglichkeit bietet, meinen Mitmenschen in Krankheit oder psychischer Belastung beizustehen. Dabei ist es nicht so, dass ich aus meinem Eigenwillen etwas erreichen möchte: Vielmehr geschieht die Verbindung mit dem betreffenden Menschen in meditativer Stille ohne Absicht – jedoch mit voller Achtsamkeit. In meinen Seminaren üben wir gemeinsam die Kunst des Fernheilens und ich sehe mit Begeisterung, dass es allen gelingt. Und ich bin überzeugt, dass auch Sie diese wundervolle Lichtarbeit ausüben können!

Den Namen aufschreiben

Setzen Sie sich an einen ruhigen Ort, wo Sie ungestört arbeiten können, als ob Sie eine Meditation machen würden. Nehmen Sie einen Notizblock und schreiben Sie zunächst den Vornamen und Namen des Menschen auf, mit dem Sie sich verbinden möchten. *„Ich rufe dich bei deinem Namen"* heißt es in der Bibel. Und tatsächlich ist der Name wie ein Schlüssel zum Energiekörper eines Menschen, er öffnet das Tor zum Energiekörper dieses Menschen. Wir brauchen zwar den Namen nur zu *denken*, können ihn eben aber auch aufschreiben. Unmittelbar öffnet sich der geistige Kanal.

Der Urgrund des Lichtes weiß ganz genau, welchen Menschen wir mit diesem Namen meinen. Machen Sie sich keine Sorgen darüber, dass es viele Menschen mit demselben Namen gibt. Wie bereits erwähnt, weiß die höhere Lichtwelt genau, wo Ihr Bewusstsein hingelenkt werden soll.

Suchen Sie dann die innere Stille, schließen Sie ihre Augen, betrachten Sie aufmerksam Ihren Atemstrom und bringen Ihre Gedanken langsam zur Ruhe. Sie brauchen keine Willensanstrengung zu machen, lassen Sie es einfach geschehen. Wenn Sie sich ganz entspannt und wohl fühlen, bitten Sie Ihre geistigen Helfer, zu denen Sie eine innige Beziehung aufgebaut haben, um Hilfe. Fühlen Sie sich in einem hellen Lichtkreis beschützt und geborgen. Lichtwesen von hoher Schwingungskraft werden Sie durch Ihr Lichtbewusstsein zu demjenigen Menschen führen, dessen Namen Sie auf Ihrem Papier aufgeschrieben haben.

Versenken Sie sich in den Namen

Versenken Sie sich nun in den Namen, und sehr bald werden Sie den Energiekörper des Mitmenschen fühlen oder vielleicht auch sehen. Ob Sie sehen oder fühlen ist eine Frage der medialen Begabung, die bei Ihnen in den letzten Jahren herangereift ist. Bitten Sie dann Ihre Heilengel, Ihnen beizustehen. Sie werden staunen, dass Sie eine Veränderung Ihres Befindens feststellen können: Sie sind nun EINS mit dem Energiekörper des Menschen, der diesen Namen trägt! Es kann wohl hunderte von Menschen mit dem gleichen Namen geben, aber Sie können sicher sein, dass die Engel Sie genau dorthin führen, wo Sie hingehen möchten, bzw. gebraucht werden. Keine räumliche Trennung gibt es im Lichtbewusstsein, tausende von Kilometern Entfernung *existieren nicht* auf der geistigen Ebene! Der betreffende Mitmensch kann in Amerika oder Australien wohnen, das ist keinerlei Hindernis, denn sofort verschmilzt Ihr Energiekörper mit dem Energiekörper des anderen. Wie erwähnt, ist das Lichtbewusstsein mindestens so schnell wie das Licht.

In den Energiekörper einfühlen

Beim Heilen auf Distanz erfühlen Sie jetzt sorgsam den Energie-körper in sich, da Sie durch Ihr stilles Einfühlen mit dem anderen verschmolzen sind. Blockaden fühlen sich wie ein Druck an, Sie fühlen daher vielleicht Druckstellen im Hinterkopf, Nacken oder anderswo. Auch in den Chakras können Sie belastende Energien wahrnehmen, dabei handelt es sich um schmerzliche Erfahrungen oder Ereignisse im Leben dieses Menschen. Betrachten Sie nun in Stille und Aufmerksamkeit diese Stellen, bis Sie fühlen, dass Lichtwellen durch den Energiekörper fließen. Auch hier geht es wieder um das Öffnen der Lichtbahnen.

Notizen machen

Während Sie sich in aller Stille mit dem Energiekörper des Mit-menschen verbunden fühlen, werden Sie unterschiedliche Beob-achtungen machen. Machen Sie sich daher jeden Tag für jeden Klienten, den Sie fernbehandeln, Notizen über Ihre Wahrneh-mungen, über Blockaden, die gelöst wurden. Ich rate Ihnen, die auffälligsten Wahrnehmungen bereits während der Fernbehandlung auf dem Blatt Papier, das vor Ihnen liegt, zu notieren. Sie werden sehen, dass diese kurzen Notizen Ihre empathische Verbindung kaum unterbricht. Für den Austausch mit Ihrem Klienten sind diese Aufzeichnungen sehr wertvoll und auch für Sie selbst. Ihre Notizen dienen dazu, die Fortschritte zu beobachten, und zei-gen zudem auf, welche Blockaden noch weiterhin Ihr heilendes Fühlen benötigen. Notieren Sie auch die Lebensjahre, in denen Sie traumatische Einprägungen gelöst haben. Ein Ordner – nach Namen geordnet – wird Ihnen die wunderbare Arbeit im Dienste des Lichtes erleichtern.

Austausch

Nach einer Behandlungsdauer von ungefähr zwei Wochen tauschen wir uns anhand der Notizen aus, wenn der Klient dies wünscht. Dies kann gut telefonisch geschehen. Wir erkundigen uns nach seinem Befinden und bieten bei Bedarf eine neue Serie von Fernbehandlungen an. Oftmals dürfen wir uns gemeinsam über positive Ergebnisse freuen, denn in vielen Fällen sind jahrelange Beschwerden vorausgegangen, bis der Betreffende endlich eine Linderung seiner Beschwerden erfahren konnte. Wir müssen auch im Austausch mit dem Klienten gegebenenfalls eingestehen, dass wir wohl die Selbstheilungskraft des Körpers durch den harmonisierten Lichtstrom aktivieren, ob der Körper aber schwere Erkrankungen wieder heilen kann, müssen wir den Heilengeln Gottes übergeben. Sie können manchmal Wunder wirken. Aber nicht alles ist heilbar, das sollten Sie wissen. Es geschieht immer das Richtige, auch wenn wir aus unserer kleinen menschlichen Sicht nicht alles verstehen.

Praktische Hinweise

Wie lange und wie oft mache ich Fernheilung?

In der Regel behandeln wir eine Person während zwei Wochen täglich ungefähr fünf bis zehn Minuten lang. Es kann zu Beginn einer Serie von Fernbehandlungen auch länger dauernde geistige Verbindungen geben. Wir behandeln *niemals* zu Zeiten, in denen der betreffende Mitmensch aller Wahrscheinlichkeit nach *schläft*. Die geistige Verbindung könnte ihn wecken, und dies sollten wir vermeiden. Eine zeitliche Absprache, wann Sie Ihren Klienten fernbehandeln, brauchen Sie im Übrigen mit ihm nicht zu treffen. Die Heilenergie arbeitet kontinuierlich, sachte und unabhängig von unserem Zeitbegriff.

Wann ist eine Fernbehandlung angebracht?

Wo immer Energie im Lichtkörper blockiert ist und körperliche oder seelische Beschwerden verursacht hat, ist eine Fernbehandlung – oder direkte Behandlung – sinnvoll. Wir sind in der Lage, blockierte Energie in meditativer Stille auch aus der Ferne zu lösen. Wir können im physischen Körper die Selbstheilungskraft aktivieren und die Seele wieder ins Licht einbringen. Das kann, wie Sie bereits wissen, nur geschehen, wenn das Licht wieder frei durch die

Lichtbahnen und Chakras strömen kann. Hin und wieder können Erstreaktionen beobachtet werden, ähnlich wie bei der Einnahme von homöopathischen Mitteln. Dies bedeutet nichts anderes, als dass die Heilkraft im Körper zu wirken begonnen hat. Fernheilung ist auch bei Konflikten persönlicher oder überpersönlicher Art angebracht. Darüber werde ich Ihnen später mehr berichten.

Darf ich Fernheilung schenken ohne Absprache?

Mit jedem Gedanken sind wir bereits geistig verbunden mit demjenigen Menschen, an den wir gerade denken. Wir achten stets und ganz besonders bei einer Fernbehandlung darauf, dass wir uns in liebevoller Absicht verbinden, und machen selbstverständlich keine Manipulationen mentaler Art. Sollte Fernheilung ohne bewusste Absprache *nicht* erlaubt sein, dann müssten wir ebenfalls das Denken verbieten! Da wir in Stille und Empathie den Zustand des Energiesystems betrachten, unseren Bewusstseins-Lichtstrahl auf die blockierte Energie richten und in meditativem Betrachten die Hindernisse in den Lichtbahnen oder Chakras auflösen, machen wir Lichtarbeit. Dies ist in jedem Fall hilfreich und erlaubt. Mich erstaunt es oft, dass man ohne Bedenken Schlechtes über andere Menschen verbreiten darf, und niemand scheint sich daran zu stoßen. Skepsis jedoch herrscht vor beim Verbreiten von Licht und Liebe. Unwissenheit über unsere wahre geistige Beschaffenheit bringt oft Vorurteile hervor. Ich möchte Ihnen jedoch Mut machen, überall dort, wo Menschen leiden, geistige Hilfe zu schenken.

Bedenken Sie, dass wir niemals einen Menschen beeinflussen möchten. Wir verbinden uns mit ihm im heilenden Fühlen, ohne etwas mit unserem Eigenwillen erreichen zu wollen.

Wir dürfen uns mit der sicheren Erfahrung begnügen, dass Lichtwellen aus unserem Bewusstsein mit Lichtgeschwindigkeit Distanzen und auch Zeiträume überwinden. Und das Energiefeld eines Menschen, das wir im Lichtbewusstsein betrachten, reagiert und sendet mit Lichtgeschwindigkeit die Antwort in unser Bewusstsein zurück. Die Reaktionen des behandelten Energiekörpers können wir in aller Stille beobachten. Auf wunderbare Weise vermögen wir so die Lichtbahnen und Chakras des Menschen, mit dem wir uns in dieser Weise verbunden haben, zu öffnen und aus weiter Distanz wieder ins Fließen zu bringen.

Die absichtslose Betrachtung, aus welcher wir beim Fernheilen wirken, wurzelt im Lichte der höheren Weisheit. Aus meinem religiösen Verständnis heraus bezeichne ich diese Ebene als Ebene des Heiligen Geistes. Hier berühren wir den paradiesischen Zustand des allumfassenden Liebeslichtes. Kein Gut oder Böse, keine Trennung, keine Beurteilung, keine Verurteilung aus unserer Verstandesebene zählt hier. Es ist vielmehr ein Geschehenlassen in unzertrennlicher Einheit mit der Weisheit des Lichtes. Hier helfen die Engel mit ihrem Licht, hier wirkt der Geist Gottes. Und dies alles ist in uns, in unserem Raum der Stille, in unserem Inneren!

Zusammenfassung

Hier gebe ich Ihnen den praktischen Ablauf einer Fernbehandlung nochmals im Überblick:

❖ Einen stillen Ort für die Lichtarbeit wählen

❖ Den Namen Ihres Klienten aufschreiben oder bewusst denken

❖ Ihre geistigen Helfer um Beistand bitten

❖ Empathisch in das Energiesystem Ihres Klienten einfühlen

❖ Druckstellen/Blockaden wahrnehmen

❖ Diese durch aufmerksames Betrachten lösen, bis Energie strömt

❖ Ihren geistigen Helfern danken

❖ Notizen machen über die Wahrnehmungen

❖ Austausch mit Ihrem Klienten

Beispiel aus meiner Praxis

René, ein jüngerer Mann, bittet mich um Fernheilung. Ich stimme mich ein in sein Energiesystem und löse jeden Tag blockierte Energie. Ich finde starke Kopfblockaden, die ganze linke Seite der *Gallenblasen*-Leitbahn ist blockiert. Die *Magen*-Leitbahn fließt schwach durch Kiefer, Kinn und Magen. Tief im Kopf auf Scheitelhöhe ist viel zu viel Energie, diese „hüpft". Zu viel Yang erzeugt Hitze im Kopf, und im Solarplexus sind Ängste eingeprägt. Schleim in Nase und Rachen hat sich gebildet, Hitze im Gesicht ist zu lösen. Glücklicherweise fließt die Energie bald gut ins Wurzel-Chakra ab. Noch gibt es in weiteren geistigen Verbindungen – Fernheilungssitzungen – viel Energie zu lösen, im Gesicht, in den Schläfen, Wangen, Bronchien. Ich gehe zurück in die Vergangenheit, zur Geburt: Als starker Druck auf dem Scheitel bis zu den Augen hat sich das Erlebnis des Geburtsvorgangs eingeprägt. Die Energie „hüpft", das Solarplexus-Chakra ist belastet.

Jeden Tag löse ich Blockaden im Kopfbereich, löse wiederholt die Geburtsstrapazen.

Ich gehe erneut in die Vergangenheit und löse im zweiten Lebensjahr: Schwächegefühl im Unterbauch, Kiefer, Hals und Ohren sind sehr blockiert. Ich gehe davon aus, dass es alte Einprägungen einer starken Erkrankung im Hals- und Ohrenbereich sind. Wiederholt aktiviere ich die Chakras mit dem Gebet des Vaterunsers, dessen Sätze eine immense Kraftentfaltung in den Chakras bewirken.

Jeden Tag löse ich weiter Blockaden in Kopf, Brust und Unterleib des Klienten. In einem abschließenden Telefongespräch finde ich dann einen überglücklichen jungen Mann! Das Lösen von Energieblockaden verändert sehr oft auch die äußeren Umstände: Nach langer Zeit hat René wieder eine geliebte Frau gefunden und könnte glücklicher nicht sein. Ich freue mich mit ihm.

Traumata und seelische Schmerzen lösen

Überschreiten von Raum und Zeit im Lichtbewusstsein

Sie haben jetzt bereits die Erfahrung gemacht, dass Sie das Energiesystem eines weit entfernten Menschen in sich selbst wahrnehmen und durch die stille aufmerksame Betrachtung beobachten können, wie die Energie durch Ihr heilendes Fühlen reagiert. Sie haben also aus weiter Ferne eine Rückmeldung durch zarte Lichtwellen erfahren dürfen. Sie sind nicht nur in der Lage, die räumliche Begrenzung zu überschreiten, Sie sind auch in der Lage in frühere Zeiten, in die Vergangenheit Ihres Klienten hineinzugleiten. Hier muss ich Ihnen zum besseren Verständnis noch einige grundlegende Informationen geben.

Immense Speicherkapazität des Energiekörpers

Seit unserer Erschaffung durchleben wir immer wieder neue Erdenleben, in denen der Lichtkörper durch unterschiedliche Erfahrungen mehr Weisheit entwickelt. Jedes Erdenleben ist ein immenses Geschenk, denn wir dürfen nie vergessen, dass wir durch alle Äonen hindurch von der göttlichen Liebe zärtlich behütet und liebevoll geführt worden sind. Freude und Schmerz gehören dabei zu den menschlichen Erfahrungen, ja sie sind wertvolle Geschenke, um das Licht in uns zu vervollkommnen. Wenn wir jedoch unser Bewusstsein zur geistigen Lichtwelt erheben, gibt es keine Trennung, denn unser wahres Sein gehört zur höheren Welt des Lichtes, in vollkommener Schönheit. Nur die Welt der Materie scheint getrennt zu sein. Alle Erfahrungen des Lebens bleiben im Energiekörper gespeichert. Von der Geburt bis zum jetzigen Zeitpunkt werden Spuren hinterlassen: Dies können Einprägungen von Freude wie auch von Schmerz sein. Unfälle, seelische Schmerzen, Überforderungen, zu viel Strenge, Strafe, Trauer und Verlust, Ekelgefühle oder Ablehnung bleiben als „Momentaufnahmen" so lange im Energiekreislauf eingeprägt, bis sie gelöst werden. Diese oft traumatischen Erfahrungen beeinflussen das Biofeld des Körpers und können auf die Gesundheit von Seele und Körper einen schädlichen Einfluss haben. Es können, wie bereits erwähnt, Chakras wie auch Lichtbahnen von blockierenden Einprägungen betroffen sein.

Ich nehme gerne zum Vergleich die Jahresringe des Baumes zu Hilfe: Wir erkennen anhand der Rillen, ob in der Vegetationszeit ein gutes oder ein schwaches Wachstum war. Ganz ähnlich wie bei einem Baum werden Jahr für Jahr die Ereignisse des Lebens eben im Energiekörper eingeprägt und gespeichert. Die glücklichen Einprägungen sind in Harmonie mit dem kosmischen Liebeslicht, die schmerzlichen jedoch blockieren die Lichtdurchströmung und melden sich als Unwohlsein oder Schmerzen im Körper. Diese schmerzlichen Ereignisse erzeugen Stagnation, „Klümpchen" oder Verklebungen der Lichtbahnen und Chakras. Als solche werden auch Sie sie mit etwas Übung und Einfühlung wahrnehmen. Wie kommen wir nun an diese längst vergessenen Ereignisse heran? Dies werde ich Ihnen nun im Einzelnen beschreiben.

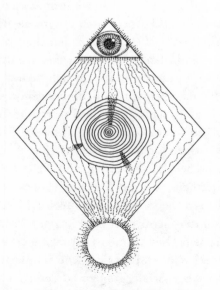

Wie bei einem Baum werden Jahr für Jahr Ereignisse eingeprägt

Alte Einprägungen im Energiekörper lösen

Wir können diese feinstoffliche Dimension aus weiter Entfernung wahrnehmen, denn diese geistige Ebene untersteht, wie bereits erwähnt, nicht mehr unserer üblichen Vorstellung von Raum und Zeit. Hier gibt es keine Trennung, hier ist alles im allumfassenden Liebeslicht verbunden.

Prüfen Sie das Befinden im Herz- und Solarplexus-Chakra. Hier belasten schmerzliche Einprägungen des Lebens häufig das ganze Energiesystem. Wir erfühlen die Ereignisse, indem wir die jeweiligen Lebensjahre abrufen. Sie können mit dem Lichtbewusstsein in die Vergangenheit gehen, können die Zeit zurückdrehen bis zur Geburt, denn die Geburt ist oft ein schwieriges Ereignis im Leben des Menschen und kann unglaubliche Blockaden hinterlassen: der Kopf wird oben gepresst, manchmal kommt es zu Atemnot und damit verbundenen Ängsten. Manchmal ist die Nabelschnur um den Hals gewickelt und verursacht eine Enge im Hals und ein Gefühl von Beinahe-Ersticken. Sie denken für sich: *Geburt*. Nun können Sie den Geburtsvorgang genau erfühlen und spüren, welche Stellen des Kopfes besonders belastet wurden. Oft ist auch die Halswirbelsäule durch den übermäßigen Druck belastet. Solche belastenden Einprägungen sollten auch bei Babys eigentlich gleich nach der Geburt gelöst werden! Oft leiden die Kinder über Jahre hinweg an solchen, bei der Geburt entstandenen Kopfblockaden. Die tiefere Ursache von Unruhe, Schlafstörungen und auch Konzentrationsstörungen in der Schule werden oft nicht erkannt. Alle Strapazen des Lebens, schmerzliche Emotionen, Krankheiten und Unfälle bleiben ein Leben lang im Energiekörper eingeprägt und können im Verlaufe der Zeit dem Körper Schaden zufügen.

Dann zählen wir langsam die weiteren Jahre des Lebens, rufen sie ab und achten auf die innere Wahrnehmung. Es kommen die ersten Jahre mit ihren Kinderkrankheiten und vielem mehr. Wir zählen die Jahre im Stillen auf, und schauen in der absoluten Stille und Achtsamkeit, was sich in empathischer Verbindung zu zeigen vermag. Erfühlen Sie nun den Energiezustand so lange, bis sich eine Erleichterung zeigt. Warten Sie ruhig den nächsten Tag ab, bis sich weitere Einprägungen aus der Vergangenheit lösen. Zählen Sie in aller Stille: erstes Lebensjahr, zweites Lebensjahr, usw. Rufen Sie diejenigen Jahre ab, in denen Sie schmerzliche Einprägungen vermuten. Manchmal braucht es mehrere Zuwendungen, bis solche schmerzliche Einprägungen im Energiesystem gelöst werden können. Oft liegen die Ursachen von späteren Erkrankungen in den ersten Lebensjahren und bleiben jahrelang als Blockaden im Energiesystem erhalten. Betrachten Sie mit äußerster Aufmerksamkeit diese Einprägungen! Der Energiekörper hat eine immense Speicherfähigkeit, und alle Ereignisse bleiben als Einprägungen erhalten, oder aber die fließenden Wellen werden zu statischen Gebilden, die den harmonischen Fluss des Lichtes beeinträchtigen. Schmerzliche Erfahrungen können sich als Ängste, Trauer, Wut oder Ablehnung in den Chakras einprägen.

Da der Energiekörper eine enorme Speicherkapazität aufweist, geht kein Ereignis des Lebens verloren. Schmerzliche Ereignisse und Traumata erzeugen Blockaden in den Lichtbahnen und in den Chakras. Solche Blockaden sind Verdichtungen oder Verklebungen im subtilen Strömen der Lebensenergie, und Belastungen in den Chakras sind meistens seelische Schmerzen aus der Vergangenheit. Wenn Sie bei einem Mitmenschen starke Kopfblockaden fühlen, die hartnäckig sind und immer wieder auftreten, rate ich Ihnen nach der Ursache zu forschen. Dies geschieht über das höhere Bewusstsein, jede Willensanstrengung ist auch hier ein Hindernis. Lassen Sie es einfach geschehen! Sie werden staunen und können alle Stellen, z.B. am Kopf, die durch Geburt, Unfälle oder Krankheiten einem starken Druck ausgesetzt waren, wahrnehmen. Es können schmerzliche Emotionen wie Angst, Trauer, Wut oder Ablehnung in einem Chakra zum Vorschein kommen. Nehmen Sie das aufkommende Gefühl aufmerksam wahr und Sie werden staunen, dass bald die statische oder gestaute Energie wieder in Bewegung kommt und im Energiesystem fließt! Schmerzliche Emotionen sind für mich wie kleine Klümpchen Energie, die zusammengezogen wurden durch ein oder mehrere Ereignisse. Dadurch werden die Lichtbahnen blockiert und das Licht ist in seinem Strömen beeinträchtigt. Manchmal braucht es mehrere Tage, bis ein Trauma ganz und gar gelöst ist. Wir nehmen uns nur ein traumatisches Erlebnis pro Tag der Fernheilung vor und lösen es auf. Durch diesen Vorgang ergießt sich die befreite Energie in den Energiekreislauf, der behandelte Mensch blüht richtig auf. Es kann übrigens durchaus vorkommen, dass die Entladung und Befreiung von blockierter Energie zu *hören* ist! Ich beispielsweise höre in meinem eigenen Energiesystem ein Knistern und leises Knallen, wenn Energieblockaden sich auflösen – auch aus weiter Ferne. Auch Düfte und Gerüche können wahrgenommen werden: Es ist nicht außergewöhnlich, dass Sie *riechen* können, wenn jemand ein Raucher ist oder von besonderen Düften umgeben ist. Ihr Lichtbewusstsein kennt auch keine sinnlichen Grenzen.

Ich möchte an dieser Stelle nochmals betonen, dass die Grundlage für die Entfaltung Ihres Lichtbewusstseins die tägliche Meditation ist. Wenn sich das Lichtbewusstsein nach und nach entfaltet, werden auch Sie in der Lage sein, Raum und Zeit ohne weiteres zu überschreiten. Das dürfen Sie im Zusammenhang mit der Lichtbahnen-Heilung immer wieder erfahren. Aus direkter Nähe oder auch aus weiter Distanz wird es Ihnen möglich sein, lang zurückliegende, im Energiekörper Ihres Mitmenschen gespeicherte Erlebnisse abzurufen, zu fühlen und auch aufzulösen.

**Wenn sich das Lichtbewusstsein entfaltet,
überschreiten wir Raum und Zeit**

Beispiel aus meiner Praxis

Eine besorgte Großmutter ruft mich in ihrer Verzweiflung an und bittet um Hilfe. Ihre Tochter hat ein Kind geboren, alles schien gut zu gehen. Doch das Kind hatte offenbar eine Hirnblutung erlitten und musste mit der Sonde ernährt werden. Sofort habe ich mich in das Energiesystem des kleinen Jungen eingefühlt. Ich finde den Hinterkopf sehr gestaut, Blockaden im Wangen- und Kieferbereich erzeugen einen Druck bis in die Ohren. Im Becken und Gesäß ist kalte Energie gestaut. Eine Fröstelwelle geht durch das Körperchen, und es scheint mir, als ob die Lebensenergie erst jetzt richtig zu fließen beginnt, die Lichtbahnen in den Beinchen öffnen sich. Fast wie eine sich öffnende Blume empfinde ich diese wunderbare Durchströmung des Energiesystems jetzt. Das Herzlein ist noch geschwächt, auch die Ohren – durch mangelnde Energie in den Nieren. (Ohren und Nieren bilden eine Analogie, wie ich in meinem Buch *Lichtbahnen-Selbstheilung* bei den Analogien beschrieben habe.) Im Kopfbereich löse ich in tiefen Schichten eine starke Blockade, die wohl durch die Narkose der Mutter durch den Kaiserschnitt verursacht wurde. Immer wieder gibt es Fröstelwellen durch den kleinen Körper.

Täglich verbinde ich mich mit dem kleinen Kind, löse den ganzen Energiekreislauf vom Kopf bis zu den Füßen. Immer wieder zeigen sich Hindernisse, die den göttlichen Lichtstrom nicht ganz harmonisch strömen lassen. Endlich fühle ich wunderbare Lichtwellen durch das ganze System fluten. Nun bin ich erleichtert, löse aber noch weiter.

Ein Anruf der Großmutter bestätigt die wunderbare Möglichkeit des Heilens aus der Entfernung. Ihre Sorgen haben sich in Freude gewandelt. Ihre Dankbarkeit kennt keine Grenzen. Das Baby hat alle Schwierigkeiten überwunden und entwickelt sich nun prächtig. Was wohl geschehen wäre ohne Fernbehandlung? Ich wage es nicht auszudenken und bin selbst zutiefst dankbar. Die Heilengel kennen eben keinen Raum und keine Zeit, und mit ihrer Hilfe ist es auch hier wieder möglich gewesen, Raum- und Zeitgrenzen zu überschreiten und einem Menschen beizustehen.

Persönliche Konflikte lösen

Menschen heilen, mit denen wir einen Konflikt haben

Auch in jeder Konfliktsituation können wir die Möglichkeit des Heilens aus der Entfernung wunderbar einsetzen. Anstelle von Feindseligkeiten und Austausch aggressiver Gedanken, welche Resonanzfelder in der eigenen und in der Aura unseres Mitmenschen Spuren hinterlassen, haben wir mit unserem Lichtbewusstsein ganz neue Konfliktlösungen zur Verfügung. Hier können wir so vorgehen: Wir suchen die innere Stille, bitten die Heilengel um Unterstützung und fühlen uns in den Energiekörper des betreffenden Mitmenschen hinein. Hier sind seine Verletzungen, seine Angst und vielleicht auch Wut zu spüren. Nun verharren wir mit Aufmerksamkeit und tiefem Respekt in den seelischen Belastungen und sehen seine seelische Not. Dabei verschmelzen unsere beiden Energiekörper, und zusammen entsteht ein starkes Lichtfeld, eine Verbundenheit rein geistiger Natur.

**Die beiden Energiekörper verschmelzen
und bilden ein starkes Lichtfeld**

> „Wo zwei oder drei in meinem Namen versammelt sind,
> da bin ich mitten unter ihnen."

Matth. 18, 20

Nun harren wir aus in dieser wunderbaren geistigen Verschmelzung. Wir harren aus, bis wir den Energiekörper leichter fühlen oder sehen. Die aufhellende Lichtentfaltung kann durchaus im Dritten Auge beobachtet werden. Auf diese Weise vermögen wir wahrhaftig, die Konflikte auf liebevolle Weise zu lösen statt sie durch Reaktionen zu verstärken. Wenn wir die feindseligen Resonanzfelder auflösen, entsteht von innen her eine ganz andere Begegnung. Wir erlösen uns und gleichzeitig unseren Mitmenschen von blockierter Energie, und Sie werden staunen, wie Sie einander dann ganz anders begegnen können. Nutzen Sie auch hier diese Kunst des Fernheilens, sie ist ein wahrer Segen!

Überpersönliche Konflikte lösen

Politiker heilen

Unserem geistigen Wirken aus dem Lichtbewusstsein sind keine Grenzen gesetzt. Viele Menschen sind in großer Not durch die Kriege und Feindseligkeiten auf dieser Erde. Politiker ringen um richtige Entscheide für die Menschen, von denen sie gewählt wurden. Die übliche, wenig bewusste Weise, über Politik nachzudenken oder zu sprechen, ist negativ, und zumeist verliert man sich da im Verurteilen und in Parteinahme. Somit weiten sich äußere Konflikte auch zu einem inneren Kampf aus, ja sie verdüstern unser inneres Licht. Und damit ist niemandem geholfen! Das Gegenteil ist der Fall: Unsere negativen Gedanken erzeugen im kollektiven Energiefeld weitere ungute Resonanzfelder, die der Person oder der Sache, mit der wir eigentlich den Konflikt haben oder die wir bekämpfen, noch mehr Energie gibt!

Der geistig erwachte Mensch jedoch arbeitet in der Stille und bewahrt seinen inneren Frieden. Im Lichtbewusstsein können Sie sich verbinden mit den Politikern, die Ihrer Meinung nach am meisten Licht brauchen. Auch hier ist eine Verschmelzung der Energiekörper durchaus gestattet. Keine Verbindung kommt zu Stande, wenn nicht die Engel des Lichtes mit uns kommunizieren und unseren Wunsch ausführen. Senden wir doch unser Licht den Politikern, die in einer großen Verantwortung stehen! Und gerade auch jenen, die ihre Macht missbrauchen oder Feindseligkeiten schüren. Sie brauchen unsere Hilfe am meisten.

Licht ausbreiten über ganze Länder

Auch Länder können wir mit unserem Lichtbewusstsein besuchen. Nennen wir im Stillen den Namen eines Landes – die Lichtwesen werden uns mit der Energie dieses Landes verbinden. Auch hier sind oft starke Resonanzfelder, die auf Erlösung warten. Verbreiten Sie Licht und Liebe, unser Planet Erde braucht uns alle. Einen jeden von uns! Es werden in unserer Kultur viele dunkle Energien produziert, die wir unbewusst konsumieren, indem wir etwa schreckliche Filme anschauen, die Bilder von Gewalt oder Perversionen im Energiekörper einprägen. Unsere Kinder werden konfrontiert mit Horrorbildern, die ihre zarten Seelen verdüstern. Tragen wir Sorge für die Reinheit unserer Seelen und ganz besonders für die Reinheit der Seelen unserer Kinder!

Halten wir uns immer wieder vor Augen, dass wir zusammen einen immensen Energiekörper bilden. Je feiner unser eigenes Energiesystem entwickelt ist, desto eher können wir auch eine kollektive Erschütterung wahrnehmen, wie etwa ein Erdbeben oder eine Naturkatastrophe auf einem anderen Kontinent. In meinem Buch *Lichtbahnen-Selbstheilung* habe ich erste Hinweise gegeben, wie Länder dem menschlichen Körper zugeordnet werden können. Verbinden Sie sich mit Ländern, in denen Frieden und Liebe verbreitet werden soll: Denken Sie in aller Stille den Namen des jeweiligen Landes, um Ihr Lichtbewusstsein dorthin zu lenken. Dann können Sie Ihr reines Seelenlicht immer besser auch über weite Entfernungen senden, zu anderen Orten. So verbreiten wir das Licht nicht nur bei Menschen in unserer Nähe, sondern auch in weit entfernten Ländern oder ganzen Kontinenten.

Auch Länder können wir im Lichtbewusstsein heilen

Meditation:
Licht verbreiten

Wir erlauben uns für ein paar Minuten eine wohltuende Entspannung und innere Ruhe.

Meine Wirbelsäule ist aufrecht, und die Füße berühren die Unterlage. Nun lenke ich meine Aufmerksamkeit in meinen Körper und fühle mich geborgen in mir selbst ... Mein Ruhezustand weitet meinen inneren Raum, und das Äußere lasse ich los ... Meine Gedanken lasse ich für diese kostbaren Minuten schweigen ... Meine ganze Aufmerksamkeit richte ich jetzt auf das Aus und Ein des Atems ... Ich nehme wahr, wie mein Bauch sich mit jedem Einatmen weitet und bei jedem Ausatmen wieder zusammenzieht. Ich betrachte meinen Atemrhythmus und die Bewegungen in meinem Bauch ... in meinem Rücken ... Nacken ... in meiner Brust ... Atem ist Bewegung, Atem ist Leben.

Ich fühle meine Fußsohle mit dem Boden verbunden – mit der Kraft der Erde. Mutter Erde zieht mich zu sich heran ... Sie gibt mir alles, was mein Körper braucht in diesem Leben, und sie schenkt mir ihre sanfte, entspannende Energie. Ich fühle ein leises Strömen von den Füßen aufwärts in die Fußgelenke ... in die Knie ... dann weiter hinauf ins Becken ... in den Brustraum ... und spüre nun die Energie in meine Arme strömen ... Bis in die Fingerspitzen fließt die sanfte Energie der Mutter Erde.

Wie ein Baum fühle ich mich verwurzelt mit der Erde und öffne mich nun bewusst zur geistigen Sonne, die über mir wie ein funkelndes, weißes Strahlenlicht leuchtet ... Ich stelle mir vor, wie heilende Lichtstrahlen mich mit inniger Liebe durchfluten. Licht strömt in meinen Kopf, entspannt und glättet meine Stirn ... fließt durch den Hals, in die Nackengegend .... Ich fühle ein leises Strömen durch meine Wirbelsäule – ja fühle sie zu einer leuchtenden Lichtsäule werden ... Das Becken wird warm ... ich fühle neue Kraft in meinen Hüften und Beinen ... bis zu den Zehen werde ich durchströmt von heilendem Licht ... Ich fühle mich geborgen und behütet als Kind des Himmelslichtes und der Mutter Erde.

Ich lausche nun in die Mitte meiner Brust, in mein Herzzentrum. In der Mitte meines Seins ruhe ich und schweige ... Aus der Stille des Herzens strömt jetzt ein helles Fluidum von Frieden, Freude und Liebe in meine Umgebung ... Mein Lichtkörper wird durchlässiger und heller, und das Licht der Engel senkt sich ein in den Raum, der mich umgibt ... Der ganze Raum wird heller und heller, und eine wunderbare Energie von Liebe und Freude breitet sich aus ... Das Licht breitet sich nun weiter aus, im ganzen Haus ... in der ganzen Umgebung ... ja im ganzen Land! Keine Grenzen sind gesetzt ... Ich stelle mir vor, wie jetzt auch der Erdteil, in dem ich lebe, aufleuchtet in diesem wunderbaren Liebeslicht ... ja die ganze Erde sehe ich im Geiste aufleuchten im hellen Licht, das Frieden, Freude und Liebe verbreitet.

Nun gehe ich mit meinem Bewusstsein in das Land, in dem Menschen besonders leiden und Trost brauchen. Ich denke den Namen des Landes ... und mein Lichtbewusstsein wird über dieses Land ausgedehnt ... In Stille betrachte ich aufmerksam mein eigenes Befinden ... und Schweres wird durch mich hindurch transformiert ... Ich lasse geschehen, denn die Engel wirken durch mich hindurch. Ich bin nicht allein. In absoluter Stille werde ich verbunden mit dem funkelnden Liebesfeuer des Christusbewusstseins ... Lichtwellen durchfluten mich nun, und durch mich hindurch verbreiten sie sich über die ganze Erde ... Frieden, Freude und Liebe leuchten auf und bringen Trost und Heilkraft überall dorthin, wo meine Gedanken verweilen.

Ich bin dankbar für mein Leben und verbreite Licht und Liebe, wo immer ich kann.

Langsam kehre ich in mein Tagesbewusstsein zurück. Dieser Moment der inneren Betrachtung hat mir neue Kraft und Lebensenergie gegeben und mein inneres Licht gestärkt. Ich fühle mich nun wieder ganz im Hier und Jetzt. Harmonie ist in mir und in meiner ganzen Umgebung.

Beispiel aus meiner Praxis

Pia ruft mich an, weil sie sehr unter dem Alkoholkonsum ihres Mannes leidet. Im ersten Gespräch mache ich sie darauf aufmerksam, dass es für sie leichter wäre, wenn sie nicht die ganze Verantwortung für ihren Mann übernehmen würde. Er ist eine erwachsene Person und sollte nicht zu sehr bevormundet werden. Mit dieser Einstellung würde sie doch viel weniger leiden! Je mehr Verantwortung man übernimmt, desto schwächer wird der andere. Natürlich weiß ich, dass wir hier mit Fernheilung mehr erreichen, als mit Vorwürfen und Zurechtweisungen. Die Behandlung erfolgt nun ohne Absprache mit dem Mann, ich gebe meine Hilfe gerne, denn ich sehe, dass hier zwei Menschen unter diesem Problem leiden.

Zu Beginn des geistigen Kontaktes fühle ich eine starke Kopfblockade, die sich im Beckenbereich spiegelt. Ich fühle zudem, dass im Kieferbereich und Zungenbereich die Energie der Magen-Leitbahn starke Blockaden aufweist. Bauch und Unterleib fühlen sich leer an, weil dort zu wenig Energie hinunterfließt. In der Zungenwurzel finde ich bei ihm die typische Blockade der zu Sucht neigenden Menschen. Ich bezeichne diese Blockade in der Magen-Leitbahn als den *Suchtpunkt*. Die blockierte Energie verursacht eine Überreizung der Speicheldrüsen, es entsteht im Mundbereich viel Speichel und ein starkes Verlangen, eine Gier. (Ich stelle dies bei allen Formen von Sucht fest – beim Essen, Rauchen, bei Alkohol und Drogen usw. Ohne das Lösen dieses Punktes ist der betroffene Mensch fast nicht in der Lage, die Sucht zu bewältigen.)

Da der Kopf immer wieder starken Druck meldet, suche ich nach Einprägungen in der Vergangenheit. Ich finde bei der Geburt eine starke Blockade im Hinterkopf. Auch Ohren, Kiefer und Kinn sind stark betroffen. Nach einigen Tagen fühle ich, dass Lichtwellen durch den Rücken, durch das Becken und in die Beine fließen. Dabei werden noch Blockaden im Becken- und Hüftbereich gelöst, und der Unterleib ist wieder viel besser mit Energie durchflutet.

Mit Freude durfte ich in einem Telefongespräch mit Pia vernehmen, dass sich ihr Mann angenehm verändert hat. Er ist weniger aggressiv, er ist offen für Gespräche und hat sogar nach vielen Jahren endlich wieder zärtlichen Kontakt zu ihr gesucht.

MEIN GOTT, DIE SEELE, DIE DU MIR GEGEBEN HAST,
SIE IST REIN, DU HAST SIE ERSCHAFFEN, DU HAST SIE GEFORMT,
DU HAST SIE MIR EINGEHAUCHT, DU BEHÜTEST SIE IN MIR,
DU WIRST SIE EINST VON MIR NEHMEN UND SIE MIR
IN DER ZUKUNFT WIEDER GEBEN.

SOLANGE DIE SEELE IN MIR IST, DANKE ICH DIR,
EWIGER, MEIN GOTT UND GOTT MEINER VÄTER,
MEISTER ALLER WERKE, HERR ALLER SEELEN.

GELOBT SEIST DU, EWIGER,
DER SEELEN DEN TOTEN WIEDER GIBT.

Aus jüdischer Quelle

Das kosmische Lichtbewusstsein

DURCH ALLES UND JEDES SPRICHT GOTT ZU DIR, GELIEBTE SEELE,
ACHTE AUF DIE ZARTEN ZEICHEN.

Ein neues Weltbild

Die Einführung in die Welt des Lichtbewusstseins beinhaltet
eine Öffnung zur höheren Lichtwelt. Nur in dieser segensreichen
Lichtdimension können wir Fernheilen verstehen und lernen. Der
Schleier zur Welt der hilfreichen Engel, zur Welt des Lichtes und
des Friedens, hat sich durch die Erhöhung der Schwingung in den
letzten Jahren für viele Menschen auf erstaunliche Weise gehoben.
Neue, uns in Staunen versetzende Erfahrungen begegnen uns oft
als unerklärliche zeitliche Zusammenhänge. C.G. Jung nannte solche Ereignisse *Synchronizität* und erklärte sie als Prinzip akausaler,
unerklärlicher Zusammenhänge. Wir beschäftigen uns mit einem
Problem – und schon spricht man im Radio über das Gedachte,
weil uns eine innere Kraft bewegt hat, gerade in diesem Augenblick
das Radio anzustellen. Mit unglaublicher Präzision begegnen wir
oftmals Menschen, an die wir soeben gedacht haben. Mit Erstaunen
stellen wir fest, dass die äußeren Umstände wie eine Entäußerung
des eigenen Bewusstseinszustandes scheinen. So erklärt es sich,
dass Ereignisse sowohl im negativen wie im positiven Sinn in einen
inneren Zusammenhang treten können. So gibt es unmittelbar
einander entsprechende Zeichen oder Gleichzeitigkeiten, die uns
in Erstaunen versetzen, und wir müssen uns eingestehen: *Das kann
doch kein Zufall sein!* Wir denken an jemand – und schon klingelt
das Telefon und diese Person ruft uns an. Sind wir mal sehr kritisch
oder ärgerlich, ja sogar wütend, kann es durchaus vorkommen,
dass im Außen die elektrischen Leitungen dies aufnehmen und

Glühbirnen oder Computer mit Störungen reagieren! Wir beginnen zu ahnen, dass das Äußere eine innige Beziehung zu unserem momentanen Bewusstseinsinhalt hat. Die vermeintlichen Leerräume unserer Sinneswelt sind in Wahrheit jene grundlegende Realität, die gekoppelt ist mit unserem Bewusstsein und in der Lage ist, dank der uns dienenden Engelwelt sozusagen Materie hervorzuzaubern, um unseren inneren Zustand darin zu erkennen.

Es drängt sich die Frage auf: Wie ist dies möglich? Wer lenkt denn solche Zusammenhänge, solche kleinen Wunder des Alltags? Und immer mehr spüren wir die Vernetzung mit den geheimnisvollen geistigen, *dahinter* wirkenden Kräften. Es scheint tatsächlich, dass in unserer Zeit der Schleier, der uns vom allumfassenden Liebeslicht Gottes trennt, immer durchlässiger wird. Ich wage davon auszugehen, dass mit dem geistigen Erwachen und dem kollektiven Bewusstseinswandel etwas Wunderbares vollzogen wird. In meinem Buch *Die Offenbarung des Johannes* habe ich versucht, den letzten Teil des Neuen Testaments zu interpretieren. Hier wird nach Zeiten großer Bedrängnis eine kostbare Stadt gezeigt, das *Himmlische Jerusalem*. Diese Dimension verspricht höchste Glückseligkeit in Gottesnähe. Hier werden die Seelen nach allen Wirrnissen und aller Transformation getröstet.

Ich hörte eine laute Stimme vom Throne her sprechen: Siehe, das Zelt Gottes unter den Menschen, und er wird unter ihnen zelten. Sie werden seine Völker sein, und Gott wird mit ihnen sein. Alle Tränen wird er von ihren Augen abwischen. Der Tod wird nicht mehr sein, kein Leid, kein Kummer und kein Schmerz. Denn das Erste ist vergangen.

Offenbarung 21. Kap. Vers 3,4

In den apokalyptischen Visionen, die der heilige Johannes auf der griechischen Insel Patmos hatte, sah er die Erde in großer Bedrängnis. Er sah aber auch, dass den Menschen Trost und Kraft aus der göttlichen Sphäre gebracht wurde. Und gerade diese Sphäre ist es, welche die Entfaltung unseres Lichtbewusstseins bewirken will. Könnte der spirituelle Weg mit der Entfaltung und Pflege des Lichtbewusstseins nicht auch verglichen werden mit der Rückkehr zum verlorenen Paradies? Hier wurde den Menschen verboten, sich vom Baum der Erkenntnis zu nähren, denn die Frucht bewirkte, dass man erkannte, was gut und was böse war. Die Vertreibung aus dem Paradies ist die radikale Trennung von der unsichtbaren Ebene des Lichtes. Die irdische Dimension erzeugt mit ihrer Wahrnehmung durch unsere Sinnesorgane eine begrenzte Sicht der wahren Dimension unseres Daseins. Wir erkennen durch Unterscheidungen zwischen Gegensätzen – hell und dunkel, gut und böse usw. In allem, was wir erfahren, sind wir gefangen in der Dualität. Das allumfassende Liebeslicht scheint ganz verborgen. Durch die Inkarnation – das Geborenwerden in die Materie, in einen irdischen Körper – sind wir vordergründig davon getrennt worden. Wir leben in der irdischen Welt der Gegensätze. Gefangen in Raum und Zeit sind wir mit unserer Ratio ganz auf diese Polarität ausgerichtet. Hier entsteht dann Leiden, weil wir beurteilen, verurteilen und damit Unfrieden erleben. Mit dem Verstand ordnen wir uns ein in dieses Erdenleben. Er hilft uns wunderbar, dieses Leben zu meistern, uns zurechtzufinden, unsere Welt zu ordnen und zu analysieren. Wir orientieren uns auf der physischen Ebene immer nur an Gegensätzen. Ohne Nacht wüssten wir nicht, was Tag bedeutet, ohne Hitze nicht Kälte, ohne Ebbe nicht Flut. Die Liebe hat als Gegenpol den Hass, Demut den Stolz. Als Mann oder Frau sind wir geboren und suchen mit Sehnsucht die verlorene Ganzheit im Anderen.

Die beiden aus dem Alten China stammenden Prinzipien Yin und Yang, das Weibliche und das Männliche, zeigen die Gegensätze, suchen zugleich aber in allen Dingen einen harmonischen Ausgleich herzustellen. Wir bewegen uns in dieser Inkarnation zwischen diesen beiden Prinzipien, sowohl im Mikrokosmos wie auch im Makrokosmos. Natur und Mensch sind Ausdruck eines ununterbrochenen Liebesspieles zwischen Himmel und Erde. Wie wir im Abschnitt *Lebenskraft und Energiekörper* erfahren haben, strömen in unserem Körper die Lichtbahnen, die Yin- oder Yang-Bahnen. Sie bilden durch die Polarität zarte elektrische Schwingungsunterschiede, die Lebensenergie – *das Ch'i* – hervorzubringen vermögen, welche in harmonischen Strömen unseren Körper mit Lebenskraft versorgt.

Dualität in der Einheit

Aber so ganz verloren ist das Paradies nun doch nicht. Könnte es sein, dass es ewigen Bestand hat und nur *für uns* verborgen ist? Wir können uns verirren in der irdischen Welt der Vernunft und des Verstandes, ohne zu wissen oder zu erinnern, dass wir mit unserem geistigen Sein stets verwoben sind mit dem geheimnisvollen allumfassenden Liebeslicht. Das Lichtbewusstsein der Stille und des Schweigens jedoch öffnet uns ganz leise das Tor zum verlorenen Paradies. Hier finden wir jene Ebene, die nicht beurteilt, nicht verurteilt, die keine Polarität, keinen Unterschied kennt zwischen Mann und Frau. Dieses Paradies ist reine Liebe und tiefer Frieden, die für uns immer noch da sind in der inneren Stille und Kontemplation.

Wir können uns erheben, können unser Bewusstsein ausdehnen in diese lichtvolle Ebene, auf der Fernheilung geschehen kann. Wir sind nicht getrennt vom Paradies, denn wir tragen das Licht Gottes wie einen funkelnden Diamanten in unserem Lichtkörper. Alles ist Teil des Lichtes mit unterschiedlichen Schwingungen. Das Licht Gottes, das wie eine unsichtbare Sonne über die Schöpfung waltet, wirkt auf allen Ebenen. Es weckt in uns die Sehnsucht, nach dem Licht zu suchen, denn wir leiden, wenn wir davon getrennt oder abgesondert (*Sünde* kommt von *absondern*) sind. Die Inkarnation in einen physischen Körper kann verglichen werden mit der Vertreibung aus dem Paradies, denn wir leben hier auf Erden in der dichten Schwingung des irdischen Daseins. Einsam und allein scheinen wir oft zu sein und leiden unter der Trennung voneinander. Unser wahres Wesen jedoch ist geistiger Art und kennt keine Trennung, denn Raum und Zeit sind nur auf der physischen Ebene relevant. Zeit ist ein relativer Begriff und allein von der Masse der Materie abhängig. Entfernen wir uns von der materiellen Dichte der Erde ins Weltall, entstehen Abweichungen in der Zeitmessung. Im Lichtbewusstsein bilden Raum und Zeit kein Hindernis, Distanzen scheint es keine zu geben, sie können wie auch Zeiträume ohne weiteres überwunden werden.

Der Baum der Erkenntnis von Gut und Böse versetzt uns in die irdische Welt der Dualität, die uns vordergründig von der geistigen Lichtwelt Gottes trennt. Aber die Rückkehr ist jederzeit möglich, denn das Paradies ist nicht für immer verloren gegangen. Es ist eine Frage der Blickrichtung, in welche wir schauen. Ohne geistige Schulung und Entwicklung bleiben wir gefangen in der materiellen Welt. Das Leben scheint oft schwer und sinnentleert ohne die Rückverbindung zur allumfassenden Weisheit der Lichtwelt Gottes. Wir verirren uns nur zu leicht in Sorgen und falschen Wertvorstellungen und vergessen ganz, dass jeder Gedanke eine Energiewelle ins kosmische Lichtermeer der Engel sendet. Wenn wir aber um etwas bitten und vertrauensvoll in Dankbarkeit warten, können wir oft staunen, wie wunderbar das Leben in Verbindung mit den lichtvollen Helfern gestaltet werden kann. Ohne Lichtverbindung verkümmert das Seelenlicht und wir leiden körperlich und seelisch. Öffnen wir also das Tor zum Paradies! Hier dürfen wir uns im allumfassenden Liebeslicht geborgen und verbunden fühlen. Aus dieser lichtvollen Verbindung erwächst das neue Weltbild, das in unserer Zeit der Transformation Hoffnung und Zuversicht schenken wird.

Du geheimnisvoll wirkendes grosses Licht!
Nationen und Völker vereinst Du in Dir.
Mächtig steuerst Du den friedlichen Reigen der
Sterne im Universum.

Deine unermessliche Liebe ist wie die Sonne,
die auf Erden alles Leben schenkt.
Mit unendlicher Weisheit wirkst Du
schöpferisch in der Natur mit
Deinen Heerscharen von Engeln, die Dir dienen.

Oh grosses geheimnisvolles Licht!
Öffne Deine Schleusen und Kanäle!
Verbirg Dich nicht länger und löse
den dichten Schleier, der
Deinen Strahlenglanz verbirgt!

Ströme durch mich hindurch und öffne
meine Lichtbahnen, segne mich und lass mich
zu einem Gefäss Deines Lichtes werden,
damit Du durch mich leuchten kannst.

Amen.

Der Lernplanet Erde

ENTSPANNE DICH IM STROME DES LEBENS,
DU WIRST SEHEN, ES IST ALLES VIEL LEICHTER,
ALS DU DENKST.

Die Inkarnation in einen irdischen Körper erfolgt auf eigenen Wunsch, bevor wir aus der Lichtwelt in diese irdische Ebene eintauchen. Der tiefe Wunsch nach Entfaltung zum Licht Gottes hin ließ in unserer Seele den Wunsch reifen, erneut auf dem Lernplanet Erde ein Leben zu verbringen. Sie, liebe Leserin und lieber Leser, spüren in sich den Wunsch, andere Menschen zu heilen. Dieser Wunsch deutet darauf hin, dass Sie sich im Verlauf Ihrer verschiedenen Inkarnationen mit spirituellen Themen auseinander gesetzt haben und sich auf wunderbare Weise in die Richtung des Lichtes entwickelt haben. Entsprechend der Weiterentwicklung Ihres Bewusstseins wollen Sie nun die Fähigkeit des Fernheilens entdecken und diese neue Form des Heilens erlernen. Vielleicht sind aber auch noch alte seelische Wunden in diesem Leben auszuheilen. Manches Leid, das wir früher jemandem angetan haben, können wir hier dann wieder gutmachen, und manches schmerzliche Muster, das wir früher gelebt haben, kommt hier wieder zum Vorschein. Es besteht Gewissheit und ein tiefes Einverstandensein mit dem Lebensplan, der uns eben jene Lebenserfahrungen bescheren wird, die wir zu machen gedenken. Ein Schutzengel begleitet uns durch jedes Leben und kennt den Lebensplan, den wir zu Beginn dieses Erdenlebens vergessen haben. Die tiefe Sehnsucht nach der Liebe und nach dem Licht Gottes ist die Kraft, die hinter all unseren Erfahrungen liegt. Es besteht die leise Ahnung, dass durch jede Inkarnation unser Lichtkörper geschult, geklärt und geläutert werden kann. So sind wir ergriffen von dem Wunsch und der Sehnsucht, dem Licht näher zu sein. Es wird so wunderbar gefügt, dass wir mit den gleichen Menschen inkarnieren, mit denen wir bereits frühere Leben geteilt haben. Sie kennen es bestimmt: Mit manchen Menschen haben wir sofort ein Gefühl von Vertrautheit, mit andern jedoch gibt es disharmonische Energiefelder, die wir aufzuarbeiten haben. Wir begegnen vielleicht Menschen, die uns Sorgen bereiten, weil ein seelisches Muster, das sich in früheren Zeiten als Zwietracht eingeprägt hat, noch vorhanden ist. Solche Muster können im jetzigen Leben durch Leiden und Erkenntnis im Lichtkörper ausgeheilt werden. Vieles, was wir anderen in unseren früheren Inkarnationen angetan haben, wird durch die neuen Begegnungen ausgeheilt und ausgelitten. Immer wieder einmal begegnen wir aber auch Menschen, die uns vom ersten Augenblick an so vertraut sind, als ob wir sie schon lange kennen. In der Tat ist es auch so, nur die Verstandesebene kann es nicht fassen.

Verurteilen wir einen anderen Menschen nicht! Es ist so, wie es ist. Schauen wir in aller Ruhe die Muster an, die in uns einen Leidensdruck verursachen. Irgendeinmal kommt die Erkenntnis ... und wir werden erheitert sein und staunen über die Super-Intelligenz, die uns durch Äonen hindurch mit Gerechtigkeit und tiefer Liebe begleitet. Es geht in dieser Inkarnation einzig darum, alte Wunden auszuheilen, unser Seelenlicht aufzuhellen und unseren Energiekörper im Liebeslicht Gottes aufleuchten zu lassen. Wir dürfen darauf vertrauen, dass wir von unsichtbaren Helfern dabei liebevoll durch alle Erfahrungen auf diesem Lernplanet Erde begleitet werden. Ist es nicht ein wunderbares Geschenk, dass wir durch die Fernheilung anderen Menschen ihr Erdenleben erleichtern dürfen?

Mit äußerster Sorgfalt wollen wir darauf achten, dass wir uns hier auf Erden nicht neue Belastungen aufbürden. Wir haben das Geschenk in diesem Leben erhalten, damit wir einander auf einer liebevollen, hoch schwingenden Ebene begegnen dürfen und einander den Lichtkörper von Belastungen jeglicher Art heilen können. Ein solches Heilen ist die höchste Form der spirituellen Entwicklung. Auch in Ihnen ist die Begabung entwickelt worden, direkt am Körper oder von der Ferne den Energiekörper eines anderen Menschen von alten seelischen Wunden und Blockaden zu befreien, damit das Licht die Lichtbahnen wieder frei durchfluten kann.

Die Sehnsucht, dem Licht näher zu sein

Verstand und Weisheit im Einklang

BANGE NICHT, GELIEBTE SEELE,
DU WIRST DEINE WICHTIGE AUFGABE ERFÜLLEN.
DU BEKOMMST GROSSE HILFE.

Im Verlauf der spirituellen Entwicklung wächst die innere Betrachtung und Erkenntnis unseres Wesens. Mit der Praxis der Fernheilung entsteht eine subtile Wahrnehmung der feinstofflichen Sphäre, zudem wächst ein Erkennen: Wir erkennen, dass wir mit dem Bewusstsein zwischen zwei Zuständen, dem aktiven Denken und Analysieren oder dem passiven Schweigen oder Fühlen eine Harmonie anstreben. Verstand und Weisheit sollten unser Leben im Einklang prägen. Wir leben jedoch in einer Zeit, in der die Balance zwischen Aktivität und Passivität meistens gestört ist. Leistungsdenken, die extreme Aktivität, steht in der Wertvorstellung zu weit oben, Passivität und Ruhe jedoch zu weit unten. Der Verstand orientiert sich, wie bereits erwähnt, an der Raum- und Zeitdimension. Wir brauchen den Verstand, er hilft uns während des ganzen Erdenlebens unsere Erfahrungen zu analysieren, einzuordnen und zu kontrollieren. Wir ergründen mit ihm die Gesetze, die die Welt bewegen. Die Verstandesebene bindet uns fürsorglich ein in die irdische Welt. Mit dem Verstand sind wir, wie ich bereits dargestellt habe, aber auch selbst schöpferisch. Die Vorstellungskraft, unser Denken, erzeugt Energiewellen und Muster im Ozean des Unsichtbaren. Mit den erzeugten Resonanzfeldern weben wir an der Gestaltung des Lebens, wobei Engel uns hilfreich beistehen. Das heißt natürlich auch, dass wir sehr vorsichtig sein sollten, *was* wir uns vorstellen und *was* wir denken.

Es liegt an uns, die Balance zwischen Verstand und Weisheit immer wieder zu suchen. Weisheit können wir nur empfangen, wenn die Gedanken schweigen und wir dem Träumen und der Imagination Raum geben. In Stille, Meditation und Kontemplation beginnt die Weisheit des Lichtes zu wirken. Dann nur können wir das Bewusstsein in jene Ebene erheben, die wir als das verborgene Paradies erahnen. Es ist die höhere Ebene unseres Wesens, die geistiger Natur ist und weder Raum noch Zeit kennt. Hier wirkt die göttliche Weisheit, die sich in äußerster Stille und Achtsamkeit ohne eigenes Wollen einsenken kann in unser Lichtbewusstsein. Es ist, als wäre unsere Seele ein aufnahmebereites Gefäß, das auf die Befruchtung mit dem Wasser des Lebens wartet. Weisheit wirkt durch *Empfangen*, wir werden beschenkt mit den geistigen Gaben: Intuition, Hellfühlen, Hellsehen oder Hell-Hören.

Da sich unser Verstand an der irdischen Ordnung orientiert, zweifelt er oft an diesen ganz subtilen, leisen Inspirationen aus der Weisheit des höheren Bewusstseins. Deshalb müssen wir die Verstandesebene überschreiten und durch regelmäßiges Meditieren versuchen, den Verstand zumindest für kurze Zeit auszuschalten. Verborgen bleibt die geistige Lichtebene, wenn nicht Stille und Ruhe der geistigen Dimension Raum geben. Dann erst breitet sich jene Dimension in uns aus, die *alles* weiß, die keine Zeit und keine räumliche Trennung kennt. Diese Ebene kann gedanklich nicht erfasst werden, denn sie entzieht sich dem Verstand, der Polarität der irdischen Welt. Sie ist die Weisheit oder der Heilige Geist. Beim Fernheilen bewegen Sie sich nun in dieser Ebene des Lichtbewusstseins, in der die Begrenzung des Verstandes überschritten wird. Geborgen in der Weisheit des allumfassenden Liebeslichtes sind Sie in der Lage, unabhängig von räumlicher oder zeitlicher Trennung überall zu verweilen, um den Menschen beizustehen und bei ihnen die Lichtkanäle und den Lichtkörper wieder ins Licht zu bringen.

Erschrecken Sie nicht, wenn Sie Menschen begegnen, die die fein-stoffliche Dimension des Bewusstseins noch nicht entdeckt haben oder gar verneinen. Solche Menschen sehen nur das Vordergrün-dige und haben noch nicht die Erfahrungen gemacht, dass die feinstoffliche Ebene eigentlich erst das Sichtbare hervorzaubert. Diese Haltung ist sehr verbreitet und genießt in unserer Kultur weitgehend gesellschaftliche Anerkennung. Wir leben jedoch in einer wunderbaren Transformation, in der sich ein neues Weltbild aufbaut. Es ist tröstlich zu wissen, dass eine wissenschaftliche Avant-garde sich immer ernsthafter damit beschäftigt, wie die Materie auf so geheimnisvolle Weise mit unserem Bewusstsein in Interaktion steht. Die einseitige Verhaftung im Verstandesbewusstsein, ohne Einbeziehen der Weisheit, hat die Menschheit in ökologische, wirt-schaftliche und gesellschaftliche Missstände geführt. Zum einen resultiert diese Einseitigkeit in übermäßigem Verbrauch und Miss-brauch von lebenswichtigen natürlichen Ressourcen, zum anderen zerstört sie das Gewebe von Gesellschaften, mit wachsender Kluft zwischen Arm und Reich, zwischen Mächtigen und Machtlosen, zwischen Informierten und von Information Ausgegrenzten. Das Lichtbewusstsein dagegen wird gespeist aus Weisheit und eröffnet ganzheitliche Wertvorstellungen. Bei der Konsumsteigerung wer-den dann Kriterien wie Umweltfreundlichkeit, Nachhaltigkeit und Ethik von Produktion und Verbrauch berücksichtigt. Ein Streben nach einer gesellschaftlichen Ethik, die im Einklang mit der Natur steht, ist bei etlichen verantwortungsbewussten Menschen und Organisationen durch den lichtvollen Wandel des Bewusstseins bereits in Gang gekommen. Die geistige Lichtwelt wirkt hier in die irdische Welt hinein, und wir stehen mitten drin: mit Verstand und Weisheit, eben mit unserem Lichtbewusstsein. In einer solchen Lebensweise wird dem menschlichen Leben und der gesamten Lebensbasis Respekt entgegengebracht, und sie wird als Teil des allumfassenden Liebeslichtes betrachtet.

Als geistig erwachter Mensch sehen Sie die Zusammenhänge in einem größeren Rahmen. Das Wundervolle daran ist die Tatsache, dass Ihr Leben dadurch leichter wird und mit der Zuwendung zum Liebeslicht vieles gelingt, was vorher kaum für möglich gehalten wurde. Die Entfaltung des Lichtbewusstseins eröffnet eine ungeahnte Dimension von höchster Glückseligkeit. Hier wirkt die Weisheit mit dem Verstand im Einklang.

Wenn man Ihnen auf Ihrem spirituellen Wege mit Ablehnung begegnet, sollte es Sie nicht beirren. Vielen Menschen fehlt ganz einfach die Erfahrung, die Sie selbst durch Meditation, innere Stille und Kontemplation gemacht haben. Sie haben einen klaren Verstand von Ihrem Schöpfer erhalten. Das ist auch großartig so. Wir brauchen ihn natürlich – wir brauchen die Gedanken, um uns in diesem Leben zurechtzufinden, uns einzuordnen, die Zusammenhänge, Beziehungen und Gefahren zu ergründen. Wir erschaffen uns eine Ordnung im Zusammenleben. Das ist alles wunderbar. Aber es ist nicht alles, und Sie wissen es bereits. Durch Sie hindurch wirkt jener allumfassende geheimnisvolle Geist – eine Energie –, ein Licht, das ähnlich wie die Sonne alles Leben schenkt und sich in allem Sichtbaren verbirgt. Es ist für alle Menschen gleich, es ist reine Liebe, es ist Gerechtigkeit, es ist die höhere Ordnung, die Schöpferintelligenz, die bis in unsere kleinste Körperzelle die richtigen Impulse gibt. Diese Dimension führt uns alle liebevoll zu einem großen Ganzen, zu unseren wahren geistigen Wurzeln. Hier gibt es keine Abgrenzung, keine Trennung zwischen verschiedenen Religionsgemeinschaften und Organisationen, die sich im getrennten „Erden-Bewusstsein" leider allzu oft bekämpfen. Gott ist wie eine unendliche Liebes-Sonne. Lichtstrahlen gehen von der Sonne aus. Diese Lichtstrahlen können Engel sein, Gesandte Gottes oder auch Sie und ich. Die ganze Schöpfung lebt aus dem allumfassenden Licht, so wie die Sonne alles auf der Erde zum Leben erweckt. Wir alle sind Geschöpfe des Lichtes. Und durch die Möglichkeit der Fernheilung ist es uns gestattet, im Dienste des Lichtes wie eine Sonne zu wirken, die die wärmenden Strahlen der Heilkraft verbreitet.

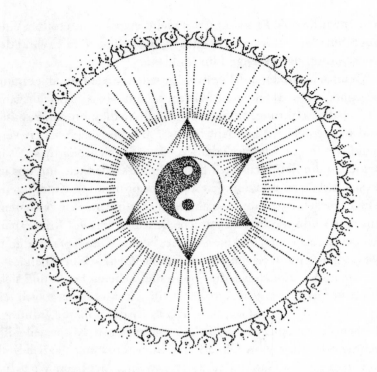

Die ganze Schöpfung lebt aus dem allumfassenden Licht

Beispiel aus meiner Praxis

Claudia ist eine Mutter von ungefähr 40 Jahren und steht mitten im Leben. Sie fühlt sich müde und erschöpft und leidet unter Rückenbeschwerden. Ich stimme mich in ihr Energiesystem ein und empfinde starke Blockaden auf der linken Körperseite. Betroffen davon sind ganz besonders die linke Schulter, der Hinterkopf und die Halswirbelsäule. Im Bauch fühle ich ein flaues Gefühl – einen Energiemangel. In den nachfolgenden Verbindungen fühle ich, dass die ganze Nackengegend sehr verkrampft ist, die Ohren leiden unter dem Druck einer Energiefülle vom Hinterkopf und von der Halswirbelsäule her. Ich gehe zurück zu ihrer Geburt und finde als Einprägung im Energiekörper eine starke Blockade im Hinterkopf.

Im ganzen Körper empfinde ich ein leises Frösteln. Das Lösen von diesen Blockaden hat bei Claudia eine Erstreaktion ausgelöst: In einem Telefongespräch schildert sie mir, dass die Rückenbeschwerden stärker geworden sind. Ich mache sie darauf aufmerksam, dass gelegentlich, wie bei der Einnahme von homöopathischen Mitteln auch, nach einer Fernbehandlung eine Erstverschlimmerung auftreten kann.

Jeden Tag löse ich weitere Blockaden im Kopfbereich sowie im Beckenboden. Die Lichtbahnen der *Gallenblase* und der *Blase* sind noch nicht ganz durchlässig. Immer wieder gibt es Frösstelwellen durch ihren Energiekörper, die auf innere Kälte hinweisen. Ich suche nach Traumata in ihrer Kindheit und finde im ersten Lebensjahr einen starken Druck im Kopf, im Gesicht und im Nasenbereich. Es sieht ganz nach einem starken Katarrh mit Schnupfen und Fieber aus. Im dritten Lebensjahr finde ich den Hinterkopf sehr blockiert und das Herz-Chakra belastet. Beim Austausch mit Claudia erklärt sie mir, dass sie damals mit ihrer Familie umgezogen ist. Auch das vierte Lebensjahr ist nicht unbelastet. Der Hals vorne fühlt sich sehr eng an, der Hinterkopf steht unter Druck, die Zunge ist schwer, Schläfen und Wangen sind durch eine Fülle von Energie im Magenmeridian belastet. Ich löse diese Blockaden. Dadurch kann sich die Wärme im Körper wieder harmonisch verteilen. Endlich spüre ich im Sakral-Chakra noch Emotionen von Ekel und Wut, die ich erlöse. Nun gehen Lichtwellen durch ihren Energiekörper.

Ich warte auf die Rückmeldung von Claudia und erhalte eine Urlaubskarte mit der freudigen Mitteilung, dass sie sich so wohl fühlt wie seit vielen Jahren nicht mehr! Sie ist sehr dankbar, und auch ich danke den himmlischen Helfern für die wunderbare Unterstützung.

Der kosmische Lichtreigen

DEIN KÖRPER IST EIN TEMPEL DES LICHTES,
DU BRINGST DAS LICHT IN DIESE WELT.

Vielleicht eröffnet Ihnen das Buch, das Sie hier in Händen halten, eine ganz neue Dimension des Lebens. Ich möchte Sie nun noch etwas tiefer hineinführen in das Geheimnis des Lichtbewusstseins. Sie haben durch die Fernheilung gelernt, wie im reinen Geiste die Grenzen von Raum und Zeit aufgelöst sind. Dadurch haben Sie Anregungen für neue spirituelle Erfahrungen erhalten, die im Lichtbewusstsein geschehen können, durch innere Stille und Kontemplation, durch ein Eintauchen in die geistige Dimension des allumfassenden Liebeslichtes. Im Lichtbewusstsein ist es, wie Sie inzwischen sicher bereits selbst erfahren konnten, möglich, den Energiekörper eines Mitmenschen zu fühlen, obwohl er räumlich tausende von Kilometern von Ihnen entfernt ist. Sie können sich in die frühen Kindheitsjahre eines anderen hineinversetzen und so Eindrücke und seelische Verletzungen fühlen und auflösen. Sie wissen: Wir können im Lichtbewusstsein unsere Mitmenschen von Energieblockaden befreien, damit das innere Licht wieder zu leuchten beginnt. Wir haben eine wunderbare Möglichkeit, Konflikte lösen zu helfen und Frieden zu bringen in die Herzen der Politiker, der Kinder, der Menschen, mit denen wir womöglich in einem Konflikt leben.

Dies alles gehört zu unserem Erwachen im Lichtbewusstsein, und im Verlauf des Lebens und weiterer eigenen Erfahrungen werden auch Sie staunen über die wunderbaren Schätze, die wie kostbare Edelsteine tief im Inneren schlummern und darauf warten entdeckt zu werden, um ihre funkelnden Lichtstrahlen nach außen senden zu können. Wir dürfen davon ausgehen, dass wir mitten in einem kosmischen Lichtreigen leben und von liebevollen Lichtwesen begleitet werden. Und ein altes Sprichwort lautet: Wo die Not am größten ist, ist Gottes Hilfe am nächsten! Wir befinden uns, wie Sie wissen und überall beobachten können, in einem dramatischen und doch wundervollen Wandel und einer Transformation zum Lichte hin. Aber wir dürfen nicht vergessen: Wo das Licht stärker wird, werden die Schatten immer deutlicher. Obwohl die Probleme der Welt verwirrend erscheinen, lüftet sich der Schleier mehr und mehr zur lange ersehnten, verborgenen Lichtwelt Gottes. Wir beginnen zu ahnen, dass in unserer Zeit ein großer Wandel vollzogen wird. Das allumfassende Liebeslicht möchte die dichten Schwingungen durchdringen. Mit unserer Hilfe und mit der Hilfe von lieben-den geistigen Helfern können wir ein Werkzeug sein im Dienste dieses weltumspannenden Ereignisses. Der wundervolle Planet Erde, unsere Lebensbasis, wird glücklicherweise immer mehr als ein Ausdruck geistiger Prinzipien erkannt, die beispielsweise durch die Elemente auf allen Ebenen mit Weisheit und Intelligenz wirken. In Rückverbindung mit dem Liebeslicht – und das ist das Tröstliche bei diesem Prozess – lösen sich die Verwirrungen, und Frieden breitet sich aus dem Inneren eines jeden Einzelnen aus. Die sich entfaltende wahre Spiritualität wird zur echten Rückverbindung im Liebeslicht, und unsere bisherigen Sorgen und Nöte in diesem kurzen, vorübergehenden Erdenleben werden um vieles leichter. Immer mehr Menschen wird bewusst, dass alles untereinander in Beziehung steht, dass es im reinen Geiste keine Trennung gibt. Diese Tatsache werden auch Sie im Zusammenhang mit der Fernheilung immer wieder erleben. Das nachfolgende Gebet kann Sie in den kosmischen Lichtreigen einschwingen:

ENGEL DER LIEBE,
ENGEL DER FREUDE,
ENGEL DES FRIEDENS,
BREITE DEINE FLÜGEL AUS,
SENDE DEINE LICHTSTRAHLEN
ÜBER DIE GANZE ERDE
UND GANZ BESONDERS IN UNSERE HERZEN!

Zarte Lichtimpulse, bis heute noch nicht messbare Energien, übertragen Informationen über ein dynamisches Netzwerk von elektrischen und magnetischen Energiefeldern. Diese Felder sind Teil des allumfassenden Liebeslichtes, sie sind geistiger Art und überschreiten unsere begrenzte Vorstellung von Raum und Zeit. Es ist als ob ein kosmischer Lichtreigen das Sichtbare aus dem Unsichtbaren hervorzaubern würde! Das beinahe Unvorstellbare dabei ist, dass wir mit unserem Lichtbewusstsein mitten in diesen kosmischen Tanz eingewoben sind und durch unsere Vorstellungen und Gedanken mitwirken dürfen: Auf geheimnisvolle Weise sanft formend wirken wir in unser Leben hinein, wobei Helfer aus der geistigen Welt bestrebt sind unsere Gedanken, Wünsche und Vorstellungen in irdische Realität umzuwandeln. Liebevolle Engel dienen uns, denn für sie sind unsere Gedanken und Wünsche *sichtbare* Resonanzfelder im großen Netzwerk des allumfassenden Liebeslichtes. Sie wirken wie eine goldene Licht-Brücke zwischen dem Geheimnis des Allumfassenden, unserem Lichtbewusstsein und der irdischen Sinneswelt. Hohe Lichtwesen sind immer für uns da, denn sie dienen uns mit unendlicher Hingabe, wenn wir sie rufen. Dann öffnet sich der Lichtkanal und durchflutet unseren Lichtkörper mit Licht- und Heilkraft. Diese immer wieder von neuem erfahrbare Lichtdurchströmung gibt uns die Gewissheit, dass wir alle Kinder des Lichts sind, unabhängig davon, zu welcher religiösen Ausrichtung wir gehören. Das allumfassende Liebeslicht nährt und heilt alle Menschen auf dieser Erde. Das neu erwachte Christus-Bewusstsein umfasst alle Menschen gleichermaßen, denn das Licht kennt keine Unterscheidungen.

Das verborgene Licht belebt nicht nur den Energiekörper eines jeden Menschen, es belebt auch die ganze Natur. Pflanzen, Bäume, Edelsteine, Tiere – ja alles Sichtbare. Diese Lichtdurchströmung erlaubt eine zarte Kommunikation auf der energetischen Ebene. Je feiner unsere inneren Sinne, die medialen Fähigkeiten, entwickelt sind, desto freier können wir mit der unsichtbaren Ebene des Lichtes kommunizieren. Zudem eröffnen sich vielleicht auch noch andere, unsichtbare Parallelwelten, diese beherbergen die Seelen unserer Verstorbenen, Engelwelten, Meisterseelen, Lichtwesen bis in die höchste Sphäre des Gotteslichtes.

Die Durchdringung mit dem allumfassenden Liebeslicht erhöht die Schwingung auf der Erde. Wir können beobachten, wie sich in den letzten Jahren neue Dimensionen geöffnet haben, welche die Menschen empfindsamer und sensitiv machen. Es ist deshalb wichtig zu wissen, dass mit Rücksicht auf diese neu erwachte Sensibilität verfeinerte Heilmethoden angeboten werden müssen. Aus diesem neuen Bewusstsein heraus bietet sich die Möglichkeit des Heilens aus Distanz geradezu an. Wie bereits erwähnt, ist Meditation die Grundlage des Fernheilens. Durch sie entfaltet sich in uns das Liebeslicht, in innerer Stille und im Schweigen der Gedanken. Wir brauchen den Raum der Stille, den inneren Raum, um das Bewusstsein zu einem Lichtstrahl zu bündeln. Gedanken jedoch zerstreuen unsere geistigen Kräfte, sie tragen uns meistens in die Vergangenheit, in die Zukunft, ins Außen. In der Stille des Lichtbewusstseins aber tanzen wir in Leichtigkeit im kosmischen Reigen, können uns mit jedem Menschen weltweit in Liebe verbinden und Heilkraft entfalten durch die stille, aufmerksame Betrachtung des anderen Energiekörpers. Diese einfühlsame Arbeit, das empathische Fernheilen, ist ein Liebesakt auf der höchsten geistigen Ebene. Heilen geschieht in einer zarten Verschmelzung der Energiekörper. Es ist keine Verstandesarbeit, keine Einwirkung von mentalen Programmen, es ist Mitgefühl und Liebe, welche im Einklang mit dem Universum jene Kraftentfaltung ermöglichen, die den Mitmenschen wieder in die kosmische Lichtordnung einzugliedern vermag. Ich gebe Ihnen nun wieder ein Beispiel aus meiner Praxis, das Ihnen das Gesagte noch anschaulicher machen soll.

**Lichtdurchströmung erlaubt eine zarte Kommunikation
auf der energetischen Ebene**

Beispiel aus meiner Praxis

Bettina, eine junge Frau von 37 Jahren, bittet mich um Fernheilung. Sie leidet unter Schwindel und Gleichgewichtsstörungen. Ihr Nacken ist steif und sehr blockiert, und seit ihrer Kindheit leidet sie immer wieder unter Ohrenschmerzen. Bei der ersten Einstimmung finde ich enorme Blockaden im Gesicht, betroffen davon sind die Nasennebenhöhlen bis zum Hinterkopf. Die Halswirbelsäule ist steif, und die Blockade erzeugt Druck bis in die Ohren. Im Solarplexus-Chakra finde ich ein Gefühl von Übelkeit und Schmerz. Der Oberbauch mit Milz und Nieren ist geschwächt und energielos. Der ganze Bereich der Magen-Leitbahn vom Kinn über die linke Brust bis zum Becken ist sehr blockiert. Ich löse jeden Tag während einiger Minuten. Starke Kopfblockaden melden sich, aber die Magen-Leitbahn beginnt zu fließen.

Ich gehe geistig zurück in die ersten Lebensjahre der Frau und finde belastende Einprägungen. Bei der Geburt finde ich starke Blockaden im Kieferbereich bis in die Ohren, auch das Becken ist blockiert. Im ersten Lebensjahr finde ich das Herz-Chakra belastet und in den Bronchien viel Schleim. Im zweiten Lebensjahr hat sich in der Brust eine tiefe Angst eingeprägt. Das betreffende Ereignis hat den Hals blockiert und einen Hitzestau im Kopf verursacht. Im Verlaufe weiterer geistiger Einstimmungen auf Bettina finde ich die Magen-Leitbahn auf der Vorderseite des Halses immer noch blockiert, die linke Niere meldet sich mit leichtem Schmerz wie auch das linke Hüftgelenk. Im Mund sammelt sich viel Speichel.

Ich gehe erneut in die Vergangenheit und löse alte Einprägungen: Im sechsten Lebensjahr haben sich Blockaden eingeprägt, welche die Schleimhäute der Nase belasten, ich löse durch stilles Betrachten die Nase, Ohren und den Halsbereich. Im siebten Lebensjahr meldet sich das Kreuz mit leichtem Schmerz, die ganz linke Seite der Gallenblasen-Leitbahn, auch Herz und Rippenbereich sind betroffen, ebenso das Hüftgelenk. Im neunten Lebensjahr ist das Herz-Chakra von Angst und Trauer belastet, innerer Stress erzeugt ein „hüpfendes" Energiesystem, im Solarplexus-Chakra ist Übelkeit bis hin zum Erbrechen eingeprägt. Ein Ereignis in diesem Lebensjahr muss bei meiner Klientin einen großen Schock mit Angst und Trauer erzeugt haben. Nacken und Schulter sind sehr blockiert. (Nachträglich bestätigt mir Bettina, dass es ein schwieriges Jahr war, denn ihre Mutter ist in diesem Jahr gestorben.)

Ich löse jeden Tag weitere Blockaden im Bereich des Nackens und der Halswirbelsäule, im Nasen- und Ohrenbereich. Ich gehe weiter in die Vergangenheit und erfühle weitere belastende Einprägungen. Im 33. Lebensjahr entdecke ich einen enormen Stau im Hinterkopf bis in die Tiefe der Halswirbelsäule, die Zunge zittert, und auch das Herz ist belastet. Noch einmal gehe ich zur Kindheit und finde im siebten Jahr blockierte Energie im Hüftgelenk. Es scheint ein innerer Schock eingeprägt zu sein mit Schmerzen im Kreuz und großer Unruhe im Energiekörper.

Während zwei Wochen löse ich jeden Tag weitere Energieblockaden, die sich mir empathisch in meinem eigenen Energiesystem melden. Nach zwei Wochen ruft mich Bettina an und sagt, sie fühle sich enorm erleichtert. Sie kann es kaum fassen, dass aus der weiten Entfernung eine solche Krafteinwirkung entstehen kann.

Nach einiger Zeit ruft sie mich wieder an. Sie fühlt keinen Schwindel mehr, fühlt sich innerlich ruhig und hat keine Gleichgewichtsstörungen mehr. Sie fühlt sich fit, weniger müde und unternehmungslustig. Unglaublich ist dies für sie, und ganz begeistert und tief dankbar für ihr neues Lebensgefühl verabschieden wir uns voneinander.

Globale Vernetzung – Licht und Schatten

Haben Sie schon einmal darüber nachgedacht, dass die weltweit vernetzte Kommunikationstechnik auf der *irdischen* Ebene als Spiegelbild der weltweiten *geistigen* Vernetzung erscheint? Sie erinnern sich: Ich habe bereits erwähnt, dass die materielle Ebene das sichtbare Erscheinungsbild geistiger Matrizen ist. Wir leben in einer Zeit, in der eine noch nie da gewesene, weltweite Vernetzung unserer Kommunikation stattgefunden hat. Vor Jahren noch undenkbare Errungenschaften sind zur Selbstverständlichkeit geworden: Internet, Mobiltelefone, Telefonkonferenzen, E-Mails machen in Windeseile Kommunikation wie auch den Austausch von Wissen möglich. In Sekundenschnelle können Informationen über die ganze Erde verbreitet werden. Satelliten kreisen um die Erde und ermöglichen schnelle und zuverlässige Kontakte, Flugzeuge ermöglichen das Reisen rund um den Erdball. Dieser riesige Fortschritt auf dem Gebiet der Technologie in dem vergleichsweise unglaublich kurzen Zeitraum von etwa 100 Jahren ist in der Menschheitsgeschichte einmalig. Dazu gehört auch die wirtschaftliche Expansion: Sie spannt ein Netzwerk von globalen Beziehungen, wobei Waren rund um die Erde verschoben werden und das Gleichgewicht zwischen Ökologie und Ökonomie nicht immer gewährleistet ist. Die daraus resultierende globale Verantwortung ist immens. Sie erfordert von uns allen wie auch von den Politikern äußerste Aufmerksamkeit und Wachsamkeit.

Doch leider hat diese globale Kommunikation auch manche Schattenseiten. Zu diesen gehört die Belastung von Mensch und Natur durch Elektrosmog. Die Technologie dieser Vernetzung erfordert Satelliten, Leitungen, Antennen und Geräte. Allgegenwärtige elektromagnetische Strahlen im Äther, aus Computern, Handys, Mobilfunk-Antennen und anderen Geräten stören die natürlichen Grundgesetze des biologischen Lebens. Im vordergründigen, irrtümlicherweise vermeintlich *leeren* Luftraum findet nämlich eine subtile geistige Kommunikation statt. Hier wirkt der Ozean der kosmischen Weisheit kreativ in Natur und Kosmos. Unsichtbare, von unserer Technologie erzeugte Wellen bewirken elektromagnetische Störfelder nicht nur in unserer natürlichen Umgebung, sondern auch in unserem Energiesystem! Die stundenlange Arbeit ebenso wie Videogames am Bildschirm strapazieren den menschlichen Organismus auf bedrohliche Weise. Viele meiner Klienten leiden unter dem weit verbreiteten Burn-out-Syndrom: Sie fühlen sich erschöpft, „ausgebrannt" eben. Das Energiesystem ist dabei häufig stark blockiert im Bereich des Kiefers, im vorderen und seitlichen Halsbereich und im Hinterkopf. Betroffen sind meistens sehr stark der Dreifach-Erwärmer-Meridian und die Kreislauf-Leitbahn. Kommt noch die Lichtbahn des Dünndarms hinzu, leidet auch die Herz-Lichtbahn darunter, denn alle diese Leitbahnen unterstehen dem Element FEUER. Dieses Element entfaltet im Energiesystem eine ähnliche Kraft wie die Sonne in der Natur.

Ohne Licht und Wärme der Sonne fehlen Freude, Lebenskraft und Begeisterung, und ähnlich fühlt sich ein Mensch, wenn das Gleichgewicht der Elemente in seinem Energiesystem gestört ist, insbesondere wenn das Element Feuer geschwächt ist: kraftlos, ohne Freude, hoffnungslos. Ich betrachte es als absolut notwendig, dass die Gefahren des Elektrosmogs größere Beachtung finden.

Menschen, Tiere, ja unsere gesamte Lebensbasis leidet unter den Verstrahlungen in der Atmosphäre, in Wohnräumen und an Arbeitsplätzen. Besonders unsere Kinder bedürfen in diesem Zusammenhang unserer äußersten Sorgfalt. Sie brauchen Lebensbedingungen, die ihrer Entfaltungskraft und einem ausgeglichenem Energiesystem förderlich sind. Obwohl nach den Ursachen gesundheitlicher Störungen und Disharmonien durch Elektrosmog bereits geforscht wird, tappt unsere Wissenschaft doch noch weitgehend im Dunkeln. Niemand scheint genau zu wissen, warum so viele im

Arbeitsprozess stehende Menschen sich nicht mehr richtig gesund fühlen. Nach meiner eigenen Einsicht und Erfahrung ist der energetische Blockaden erzeugende Elektrosmog hier ein Hauptgrund.

Auch beim Problem mit dem Übergewicht liegt oft – außer natürlich in der falschen Ernährung – die Ursache in energetischen Blockaden, bedingt durch die Abstrahlung der Bildschirme und Handys. Wie erwähnt entstehen dadurch meistens im Kiefer- und Halsbereich energetische Verdichtungen, hier besonders im Bereich des Magen-Meridians. Diese Verdichtungen verursachen eine Überaktivierung der Speicheldrüsentätigkeit. Durch Blockaden entsteht zudem im Magenbereich ein Energiemangel. Daher suchen viele Menschen den Mangel an Energie mit *Nahrung* auszugleichen. Die „Gier" nach Nahrung, die sich im Mundraum gebildet hat, kann jedoch nur für kurze Momente gestillt werden. Die entstandene Disharmonie im Energiekreislauf der Lichtbahnen kann zwar mit Energiearbeit am Körper oder aus der Ferne behoben werden, aber es ist von immenser Wichtigkeit, dass Mensch, Natur und Tiere vor Strahlungen besser geschützt werden, die das zarte Netzwerk kosmischer Intelligenz und Harmonie stören. Aufmerksamkeit, Aufklärung, weitere Forschung und Schutzmaßnahmen tun hier Not. Viele „bestrahlte" Menschen und vor allem Kinder brauchen Ihre Heilkraft, die Sie in dem Buch, das Sie in Händen halten, anzuwenden lernen werden!

Glücklicherweise beschäftigen sich in den letzten Jahren auch wissenschaftliche Experten mit dieser Schattenseite unserer modernen Kommunikationstechnik. Messtechniken, die das Energiesystem der Menschen aufzeigen, werden sicherlich noch mehr in das Gesundheitswesen Einzug halten. Die Natur- oder komplementäre Medizin wird zunehmend anerkannt und bekommt durch die unzähligen guten Erfahrungen eine eigene Dynamik und Legitimation. „Gut ist, was heilt!" Es wird auch erforscht, welche Rolle das Bewusstsein bei der Selbstheilung spielt. Es wird zudem von fortschrittlichen Wissenschaftlern aus Physik, Philosophie und Psychologie erforscht, wie ein Bewusstsein in eine lichtvolle Verbindung treten kann mit dem eines anderen Menschen, über Raum und Zeit hinweg. Vom Psychologen und Philosophen William James kommt die Erkenntnis, dass wir wie Inseln im Ozean sind – an der Oberfläche getrennt – aber in der Tiefe miteinander verbunden.

Wir leben im unendlichen Ozean des allumfassenden Liebeslichtes, und Menschen bringen zum Ausdruck, was von der geistigen Ebene inspiriert wurde. Die schönsten Beispiele finden sich in der Musik und in den Künsten. Die globale Vernetzung findet ihre Entsprechung in der *geistigen* Vernetzung, die sich in unserer Zeit offensichtlich parallel zur globalen Vernetzung entwickelt hat. Letztere braucht jedoch keinerlei Hilfsmittel. Was es braucht, um die geistige Vernetzung zu spüren und in sie einzutauchen, ist Stille und innere Achtsamkeit. In jedem von uns ist diese wunderbare geistige Kraft angelegt, die eine subtile Licht-Verbindung über Kontinente hinweg ermöglicht. Wir brauchen natürlich zunächst den Willen und den Verstand, um diese lichtvolle Arbeit zu machen – und doch ist das eigentliche Erfühlen keine intellektuelle Aktion, vielmehr ein Geschehenlassen im Nichts-Wollen. Gedanken sind, wie Sie wissen, viel eher ein Störfaktor, wenn das Bewusstsein zum allumfassenden, weltumspannenden, kosmischen Lichtnetz hin ausgedehnt wird. Innere Stille gepaart mit äußerster Aufmerksamkeit bringt uns erst in jene hohen Schwingungsfrequenzen, die hinausführen in den kosmischen Licht-Reigen, wo Engel, Himmel und Erde zu einem geheimnisvollen Ganzen verschmelzen.

Verbunden durch ein stetiges Strömen von Bildern und Gedanken

95

Ehrfurcht müsste uns erfüllen, wenn wir uns bewusst werden, wie mächtig wir im Geiste wirken können. Wir müssten uns mit tiefster Dankbarkeit vor unserem Schöpfer verneigen, der uns eine solche Macht des Geistes anvertraut hat. Er hat einen Teil seines Werkes in unsere Hände und in unser Bewusstsein gelegt! Wir haben schöpferische Kraft mit jedem Gedanken, jeder Idee, jeder Inspiration und gestalten unser Leben damit zu einem weiten Teil selbst. Sind wir uns dessen immer bewusst? Diese Erkenntnis aber sollte uns Anlass sein zu einem wachsenden Verantwortungsgefühl: Jeder Gedanke schafft eine Verbindung zu dem Menschen, an den wir gerade denken. Wir denken nicht für uns *allein*, es ist also keine Privatsache, was wir geistig produzieren! Ein subtiler Einfluss dehnt sich von unserem Bewusstsein aus ins Ganze, ein leiser, uns nicht bewusster Vorgang, aus dem jedoch eine wirkungsvolle, sich ausdehnende Energiewelle resultiert. Und hier nun liegt die Verantwortung für unser Denken. Es stellt sich die Frage: Welche Energie *verbreite* ich in den Lichtkörper meines Mitmenschen – und in den ganzen Kosmos? Sind es lichtvolle, liebevolle Kräfte, heilsame Schwingungen, die ich aussende? Hier, bereits im Gedanken, entscheidet sich, ob ich Licht und Liebe verbreite im Einklang mit der kosmischen Lichtwelt oder eben im Gegenteil Verdichtungen, Disharmonie und Leiden. Denn ein wichtiger Grundsatz gilt: *Ich bin du und du bist ich.* Hat nicht unser großer Meister Jesus gesagt: „Liebe deinen Nächsten wie dich selbst."

Wenn wir im Lichtbewusstsein Kontakt mit dem Energiekörper eines anderen Menschen haben, *werden* wir *eins* mit dieser Person, fühlen die körperliche Befindlichkeit. Dabei empfangen wir auf mediale Weise Sinneswahrnehmungen und können auch seine Emotionen empfinden. Diese geistige Verbindung ermöglicht es, das Energiesystem und den ganzen Lichtkörper auf wohltuende Weise zu beeinflussen. Auch wenn der andere diesen Einfluss nicht bewusst wahrnimmt, hinterlassen unsere Gedanken und Gefühle heilsame Spuren in seinem Lichtkörper. Denn wir sind miteinander durch ein stetiges Strömen von Bildern, Gedanken, Eindrücken und Gefühlen verbunden, die in unser seelisches Befinden hineinwirken, ob wir es merken oder nicht.

Fortschrittliche Denker aus verschiedenen Sparten der Wissenschaft beschäftigen sich mit diesen neusten Erkenntnissen der Bewusstseinserforschung. Hier werden die kleinsten Bausteine der Materie, die Quarks, untersucht, die sich zusammenfügen zu Atomen und Molekülen. Sie bilden den Materieanteil des Universums. Das Erstaunliche ist, dass sich die Materie über einem Energiefeld aufbaut, das wie eine unsichtbare Trägersubstanz das für uns Sichtbare umgibt und durchdringt. Man ist zu der Erkenntnis gekommen, dass Licht und Klang Wellen sind, die sich in einem Meer von Energiefeldern ausbreiten. Ervin László, der bekannte Physiker und Philosoph, vergleicht in seinem wegweisenden Buch *Das Fünfte Feld* unsere Vernetzung mit auf einem Gewässer dahinsegelnden Schiffchen. Hier ein kleiner Ausschnitt daraus*:

> DEIN KIELWASSER UND MEINS PLÄTSCHERN INEINANDER
> UND BILDEN EIN MUSTER,
> DAS DEINE BEWEGUNG BEKUNDET UND MEINE.
> ANDERE SCHIFFCHEN, UND AUCH DAS SIND WIR,
> SEGELN AUF DEM GEWÄSSER, DAS WIR EBENFALLS SIND;
> IHRE WELLEN ÜBERSCHNEIDEN SICH MIT DENEN VON UNS ZWEIEN.
> DER WASSERSPIEGEL WIRD LEBENDIG,
> WELLE UM WELLE MACHT IHN KRÄUSELN.
> SIE SIND DIE ERINNERUNG AN UNSERE BEWEGUNG,
> DIE SPUREN UNSERES SEINS.

Im großen Raum, der eben für unsere Augen leer zu sein scheint, bildet sich der Urgrund der materiellen Manifestationen, die wir mit unseren Sinnesorganen wahrnehmen können. Dieser kosmische Ozean unsichtbarer Energiefelder durchdringt Raum und Zeit – ja er ist die Grundlage aller Dinge. Unser Lichtbewusstsein jedoch ist Teil dieses kosmischen Ozeans. Auch die Avantgarde der Wissenschaftler hat noch keine definitiven Bezeichnungen für die Energiewellen des allumfassenden Bewusstseins gefunden, und auch

---

* Erwin László, Das Fünfte Feld, Bastei Lübbe 2002

ich kann Ihnen keine konkrete Bezeichnung für diese Energiewellen anbieten, die eine grenzenlose Ausdehnung unseres Bewusstseins ermöglichen. Ich nenne diesen schöpferischen Urgrund allen Seins das *allumfassende Liebeslicht Gottes*. Sicher wird man in einigen Jahren auch von wissenschaftlicher Seite mehr Erkenntnisse darüber bekommen, wie die heilsamen Lichtwellen, in die unser Lichtbewusstsein eingewoben ist, mit der Unterstützung von Lichtwesen dem Liebeslicht dienen. Bis es eine solche wissenschaftliche Erklärung gibt, wollen wir ruhig weiter unsere Heilungsarbeit leisten – aus der Nähe oder aus der Ferne.

Magie des Alltags

DU TRÄGST EIN JUWEL IN DEINEM INNEREN,
ES IST DIE LIEBE DEINES HERZENS.

Sie haben jetzt vielleicht schon die Erfahrung gemacht, dass Sie sich im unbegrenzten Lichtbewusstsein bewegen können. Wenn Sie also an jemanden denken oder wenn Sie sich durch den Namen in den Menschen, dem Sie eine Fernheilung schenken möchten, eingestimmt haben, entsteht unmittelbar eine Verbindung zwischen Ihrem und dem Energiekörper des anderen. Vergessen Sie niemals, dass Gedanken geistige Energiewellen erzeugen und zu unseren stärksten schöpferischen Kräften gehören. Sie gehen dorthin, wohin wir sie mit dem Bewusstsein bewegen. Sie bilden aber auch in unserem Energiekörper Einprägungen, die hier Resonanzfelder formen und eben dasjenige anziehen im Alltag, was genau dazu passt. Unseren Energiekörper könnten wir vergleichen mit einem klingenden Orchester: Fließen unsere Lichtbahnen und Chakras harmonisch im Prinzip des Liebeslichtes, erzeugen wir eine harmonische Melodie. Alle geistigen Impulse jedoch, die gegen das Liebesprinzip gerichtet sind, erzeugen falsche Töne. Hier tragen wir eine große Verantwortung, haben wir doch ein immenses Macht-Potenzial in der Schöpfung, indem wir mit unseren Vorstellungen, Gedanken und Wünschen Energiefelder kreieren. Das ist die Vorstufe zur Materialisation! Nichts geht verloren im Meer der Unendlichkeit der unsichtbaren geistigen Ebene. Hier bilden sich die zarten Energiewellen, die dann in der materiellen Welt gelegentlich in Erscheinung treten. Lassen Sie es mich nochmals sagen: Achten Sie bitte sehr aufmerksam auf die Qualität Ihrer Gedanken! Denken Sie von jetzt an nie mehr negativ von sich oder von einem anderen Menschen, so schwierig dies scheinen mag! Aber mit Disziplin kommen wir auch hier nach und nach an unser Ziel.

Fortwährend kreieren wir unsere Zukunft, denn die Resonanzfelder ziehen das an, was mit ihnen übereinstimmt, in Resonanz ist.

Somit wollen wir die Verantwortung für uns übernehmen in der Magie des Lebens, die wir niemals mit dem Verstand ergründen können. Innen und außen sind eins und korrespondieren miteinander. Mit unserem Bewusstsein sind wir immer wieder in den Schöpferakt integriert. Wir haben Vorstellungen und Wünsche, die geistige Energiefelder bilden und äußere Begegnungen und Umstände mitgestalten. Das Feinstoffliche ist die Mutter der Dinge dieser Welt, und wir sind schöpferisch mit unseren Gedanken. Die Umstände sind manchmal Gleichnisse des innerseelischen Zustandes. Darüber wacht jedoch eine großartige Weisheit, die in der Liebe Gottes wurzelt. Aber es steht uns nicht zu, über das Leiden und das Schicksal unserer Mitmenschen zu richten, denn wir ahnen nicht, wie viel Transformationskraft durch das Leiden entstehen kann in der geistigen Lichtwelt. Im Lichtbewusstsein wollen wir uns tief verneigen vor allen leidenden Menschen und ihnen nach besten Kräften beistehen. Auch wenn wir persönlich leiden, ist es nicht *gegen* uns gerichtet, sondern wirkt immer *für* uns. Leiden birgt eine unglaubliche Kraft und dient dem seelischen Wachstum im individuellen wie auch im kollektiven Entwicklungsprozess. Ist es nicht so, dass oft erst durch das Leiden ein Bewusstseinsprozess ausgelöst wird, der uns drängt, etwas zu verändern? So entstehen aus allen Tränen kostbare Perlen im Ozean des Allumfassenden. Wenn wir die Dinge dieser Welt ohne zu verurteilen anschauen, können wir oftmals die verborgenen Botschaften unserer liebenden geistigen Helfer darin erkennen.

Liebevoll werden wir geführt auf unserem Lebensweg. Wenn wir leiden, dann zwingt uns das innere Unwohlsein, eine Korrektur vorzunehmen. Viele Begebenheiten dienen uns als Erkenntnis, vielfache Begegnungen mit andern Menschen finden im Alltag statt: die einen finden wir sympathisch, andere jedoch erzeugen Ablehnung. Warum wecken gewisse Eigenschaften negative Emotionen in uns? Jemand spiegelt uns unwissentlich bestimmte Eigenschaften, die tief *in uns* verborgen nach Erlösung rufen. Und *solche* Eigenschaften lösen eben bei uns unangenehme Gefühle aus, sie fallen uns auf. Sind wir da wachsam genug? Wer im Lichtbewusstsein durch das Leben geht, schaut aufmerksam auf solche emotionelle Regungen.

Im Lichtbewusstsein ist niemals etwas falsch, denn oft kennen wir die Zusammenhänge nicht. Aber wir können lernen, die Dinge ohne Urteilen und Verurteilen anzuschauen, einfach so, wie sie sich im Alltag präsentieren. Je mehr wir alles, was uns begegnet, in Ruhe betrachten und annehmen können, desto leichter und glücklicher werden wir uns fühlen. Unwissenheit und Unkenntnis geistiger Gesetze verleiten dazu, dass wir in Projektionen verharren. Dabei wird die Schuld oder Ursache bei den anderen gesucht, und wir bleiben das vermeintliche Opfer widriger Umstände. Es besteht aber eine unglaubliche Vernetzung von Energie-Impulsen, ein Zusammenspiel von Resonanzfeldern, die harmonisch klingen oder eben disharmonisch. Es versteht sich von selbst, dass auch hier nur das *Prinzip der Liebe* Wohlbefinden und Entfaltung hervorbringen kann, denn wir ernten, was wir säen! Und hier fängt die spirituelle Entwicklung eigentlich an, nämlich, wie bereits erwähnt, in sorgfältiger Gedankenkontrolle und durch Erkennen dessen, was mir die Umgebung für meine seelische Entfaltung zeigen möchte. Denn der Alltag ist unser bester Lehrmeister, er ist die grandiose Magie einer höheren Welt, in der Weisheit in alle Ebenen des Seins hineinzuwirken vermag.

Die Ausdehnung des Lichtkörpers in die Welt des Unendlichen ist für den Verstand kaum fassbar, da die geistige Bewusstseinsebene die eingrenzende Raum- und Zeitdimension überschreitet, Verstand und Logik dagegen sind ganz und gar auf die irdische Ebene eingestimmt. Das ist auch gut so, denn damit ordnen und überblicken wir die Welt, in der wir hier leben. Das Lichtbewusstsein ist offen für die unbeschränkte Dimension des ALL-EINS und wurzelt im Licht Gottes und seiner Engel. Es überschreitet das individuelle Sein. Auf dieser Ebene kann Fernheilung geschehen, denn das zuvor beschriebene, alles verbindende Lichtgitternetz ermöglicht uns, mit jedem Menschen auf geistige Weise in Kontakt zu treten. Die Entfaltung zum Lichte trägt dazu bei, dass Sie ein Heiler, eine Heilerin sein dürfen und mit Hilfe der geistigen Helfer aus der Lichtwelt Gottes die bisherigen Begrenzungen überschreiten können.

Die Beschleunigung der Veränderungen auf allen Ebenen ist nicht mehr zu übersehen. Einerseits scheinen wir mitten in apokalyptischen Zuständen zu leben, denn die Naturkatastrophen nehmen in einem beängstigenden Maße zu. Andererseits trösten und begleiten die himmlischen Helfer uns in den Wirrungen einer enormen Transformation. Wir dürfen beim Betrachten unserer Welt nicht vergessen, dass die Weisheit Gottes durch alles hindurch wirkt. Wir wollen auch nicht vergessen, dass ein disharmonischer Zustand im *individuellen* Sein auch Teil des *kollektiven* Befindens ist. Die kollektive Disharmonie spiegelt sich in den äußeren Umständen als Schwierigkeiten und Leiden. Auf geheimnisvolle Weise wirkt eine wundervolle Kraft durch den ganzen Kosmos hindurch – die Gerechtigkeit und Weisheit Gottes. Nichts in unserer Welt liegt außerhalb dieser geheimnisvollen Kraft. Sie wirkt in unserem Körper gleichermaßen wie in der Natur, sie wirkt im Zusammenspiel der Elemente und reguliert alles zum Besten aller. Wenn es jedoch Korrekturen braucht, seufzen wir auf und wollen die Zusammenhänge kaum einsehen und verstehen. Aber immer dient alles zu unserem Besten auf dem Weg zum Licht Gottes. Es steht uns nicht zu, Urteile zu fällen – Leiden und Schwierigkeiten können auch eine kollektive Auswirkung sein, zur Entwicklung einer neuen Schwingungsebene. Die großen Zusammenhänge bleiben uns oftmals verborgen.

Verbinden Sie sich durch tägliche Gebete und Meditation mit der geistigen Welt. Die Engel hören Ihre Bitten, Ihre Wünsche und kennen Ihre Gefühle. Bleiben Sie immer wieder in Kontakt mit den Engeln, mit der nährenden Lichtquelle. Wenn Sie jeden Tag den heiligen inneren Raum der Stille betreten, kann das göttliche Licht in Ihnen hervorbrechen – ein grandioses weißes Licht, das seine Strahlen in das ganze Universum sendet und tausend geometrische Formen hervorquellen lässt. Dieses Licht leuchtet in unserem Innern, es leuchtet durch uns hindurch. Es ist reinste Liebe, und durch die Liebe Ihres Herzens sind Sie nun ganz und gar im Flusse dieses Liebeslichtes. Das erfüllt Sie mit einer unaussprechlichen Wonne und Ihre ganzen Lebensumstände beginnen sich auf geheimnisvolle Weise neu zu ordnen. Ihre Medialität entfaltet sich, und der Schleier zum Licht lüftet sich mehr und mehr. Innerlich wachsen Gelassenheit und Frieden. Sie fühlen immer mehr, dass Sie eins sind mit allen Menschen und Dingen dieser Welt. Der eigene Bewusstseinszustand verschmilzt immer öfter unmittelbar mit dem, was im Außen vor Augen geführt wird. Das aufmerksame Wahrnehmen von eigenem Bewusstseinsinhalt und äußeren Umständen zeigt uns stets von neuem verblüffende Übereinstimmungen. Diese Übereinstimmungen erzeugen eine ungeahnte Heiterkeit und Freude, aber vor allem ein großes Staunen. Wir beginnen zu ahnen, dass wir *viel mehr* sind, als wir bis dahin angenommen haben. Wir tasten uns heran an die Funken innerer Wahrheiten, Funken, Sternenlichter geistiger Helfer, die uns und dem Gotteslicht dienen und stetig eine Brücke in unser Inneres bauen.

Das Licht leuchtet in unserem Innern

Und auf einmal wissen wir: Es ist *alles* gut, so wie es ist. Alles ist ein grandioses Wunder, eine Magie, hervorgezaubert von unseren geistigen Helfern. Ich gestalte mit durch meine Gedanken, meine Gefühle, meine Wünsche, meine Liebe und meinen Hass. Ich bin mitten in meinem Lebenskino, bin Drehbuchautor, Schauspieler und Bühne zugleich. Wir erkennen auf einmal den Spiegel unseres Seeleninhaltes in unserem Nächsten, wir beginnen die Menschen zu lieben, so wie sie sind. Wir begreifen auf einmal, dass es genau so sein muss, wie es eben jetzt gerade ist, und dass alles im göttlichen Willen geschieht.

Jeden Tag will ich mit Dir beginnen,
mein Gott, der Du über mich wachst.
Ich übergebe alles Deinem Willen
und Deiner unendlichen Weisheit.

Aufmerksam will ich betrachten,
was mir begegnet, denn ich weiss,
nichts geschieht ohne Deinen Willen.
Mit Liebe im Herzen will ich auf alles,
was ich erfahre, mit Verständnis eingehen.

Hinter der Magie des Alltags stehst Du,
grosser Gott der Weisheit, und
begleitest mich liebevoll durch diesen
neuen Tag, damit ich mich in allen
Dingen besser erkenne.

Durch diese Betrachtung des Lebens wächst eine wunderbare Erkenntnis, und Vertrauen, innerer Frieden und Gelassenheit sind die reichen Früchte der Magie und Wunder des Lebens. Wir können verzeihen und leben immer mehr in der Liebe und im Frieden. Denn immer stärker durchflutet das Liebeslicht Gottes unseren Energiekörper, unsere Lichtbahnen vom Kopf bis zu den Füßen. Sie werden sehen: Sie strahlen auf einmal in diesem Liebeslicht, und die Menschen um Sie herum sind gerne bei Ihnen, weil sie sich wohl fühlen in Ihrer Nähe. In Ihnen wächst der Wunsch, die Not der Menschen zu lindern, zu heilen. Und Sie spüren, dass Heilung eine Arbeit in Stille ist. Tief in Ihrem Inneren sammeln Sie die Kraft des Bewusstseins – Ihres reinen Geistes, der durch Sie hindurchwirkt. Dadurch werden Sie heilend, und Sie selber werden wahrhaft heilig. Eines ist gewiss:

Wir werden unendlich geliebt!

Ich wünsche Ihnen, liebe Leserin und lieber Leser, Mut und Kraft, um diese neue Dimension Ihres Inneren zu entdecken. Sie werden dadurch den tieferen Sinn des Lebens erkennen und werden auch spüren, dass alles, was wir im Dienste des Lichtes tun, mannigfaltig wieder auf Sie zurückkommt. Licht ist Liebe, Liebe ist fließendes Gotteslicht, das im Verborgenen wirkt, und wir sind die Wirkenden darin, um es wieder sichtbar werden zu lassen. Betrachten wir uns daher als Werkzeuge des Lichts, mit großer Freude in unseren liebevollen Absichten von den Engeln unterstützt. Im funkelnden Lichte der Engel bleiben wir für immer verbunden.

Danksagung

Meine geistigen Helfer haben mich mit liebevollen, unterstützenden Menschen zusammengebracht. Ihnen, meinen himmlischen Helfern, möchte ich vorab danken für die liebevolle Führung durch dieses Leben. Sie haben mir immer wieder mit zarten Zeichen und Inspirationen den Weg beleuchtet und mich glücklich gemacht.

Frau *Monika Jünemann* und ihrem fleißigen Team im *Windpferd-Verlag* danke ich für die harmonische und erfolgreiche Zusammenarbeit.

Zu den liebevollen irdischen Helferinnen gehört *Karin Vial*. Von Herzen danke ich ihr für die vielfachen Anregungen, die Unterstützung als Lektorin und für ihr tiefes Verständnis der geistigen Wahrheiten. Sie hat mir stets aufs Neue Mut gemacht, meine Erfahrungen aufzuschreiben und damit vielen Menschen zugänglich zu machen.

Mein besonderer Dank gilt auch meiner Tochter *Alexandra Fink-Thali* für die bildhafte Bereicherung meiner Texte. Sie hat dieses Buch mit ihren schönen Abbildungen wesentlich mitgeprägt und bereichert.

Danken möchte ich *Bruno Thali,* meinem Ehepartner, der mir viel Freiheit und Unabhängigkeit gibt, um meine Lebensaufgabe zu erfüllen. Meinem Sohn *Patrick Thali* danke ich für seine lichtvolle Energie.

Allen Seminarteilnehmern, die in den letzten Jahren die Ausbildung als Lichtbahnen-Therapeutinnen und -Therapeuten gemacht haben, danke ich von Herzen. Die gemeinsamen Erlebnisse in den Seminaren haben mir die Gewissheit gegeben, dass in uns allen die Fähigkeit zur Fernheilung angelegt ist und nur darauf wartet, entdeckt zu werden. Mit immensem Respekt und mit Dankbarkeit staune ich über die medialen Fähigkeiten, die sich bei meinen Seminarteilnehmern und Seminarteilnehmerinnen entwickeln durften. Mit ihnen habe ich das Lichtbewusstsein im Lichte der Engel erprobt und dankbar denke ich an die schönen Erfahrungen, die ich während der Ausbildungs-Seminare miterlebte.

Trudi Thali
Vitznau, Schweiz

Therapeutinnen und Therapeuten, die bei mir die Ausbildung für Lichtbahnen-Behandlung gemacht haben, freuen sich darauf, Sie in Ihrem Wachstum zum Lichte hin unterstützen zu dürfen. Eine Therapeutenliste finden Sie unter www.trudi-thali.ch. Dort finden Sie auch alle meine spirituellen Begleiter – Bücher, DVD, CDs – oder besuchen Sie eines meiner Seminare!

Trudi Thali
CH–6354 Vitznau
www.trudi-thali.ch
info@trudi-thali.ch

Literaturverzeichnis

Clifford, Terry, *Tibetische Heilkunst*, Ullstein Sachbuch 1990

Drunvalo, Melchizedek, *Die Blume des Lebens, Bd. 1 & 2*, Koha Verlag 2000

Fiedeler, Frank, *Yin und Yang*, Diederichs 2003

Frank, Kai-Uwe, *Altchinesische Heilungswege*, Oesch 2003

Hempen, Carl-Hermann, *dtv-Atlas Akupunktur*, 5. Aufl. dtv 2001

Hinrichs, Ulrike, *Die großen Erzengelkarten*, Windpferd 2000

Kaptchuk, Ted J., *Das große Buch der chinesischen Medizin*, Fischer TB 2006

László Ervin, *Das fünfte Feld, Bastei Lübbe* 2002

Perk, Johann, *Das Neue Testament*, Benziger Verlag, Einsiedeln

Rappenecker, Wilfried, *Fünf Elemente und Zwölf Meridiane*, Felicitas Hübner Verlag 1995

Roob Alexander, *Alchemie und Mystik*, Benedikt Taschen Verlag 1996

Schwenk Theodor, *Das sensible Chaos*, Neuauflage Verlag Freies Geistesleben 2003

Siddur Schma Kolenu, *(Jüdisches Gebetsbuch)*, Verlag Morascha, Basel

Ströter-Bender, Jutta, *Engel*, 4.Aufl. Kreuz Verlag 1994

Thali, Trudi, *Lichtbahnen-Heilung*, 3. Aufl. Windpferd Verlag 2004 (bislang erschienen in Brasilien, Niederlanden, Tschechien, Polen, USA, Spanien)
- Lernvideo *Lichtbahnen-Heilung*, ISBN 978-3-9522439-2-3, Trudi Thali Verlag
- Lern-DVD *Lichtbahnen-Heilung*, ISBN 978-3-9522439-8-5, Trudi Thali Verlag
- Lern-DVD *Light-Channel-Healing*, Englisch, ISBN 978-3-9522439-9-2, Trudi Thali Verlag
- *Lichtbahnen-Selbstheilung*, Windpferd Verlag, 2005
- *Die 8 Wege Jesu zum Glück*, ISBN 978-3-9523206-0-0, Trudi Thali Verlag
- *Das Vaterunser als Chakra-Meditation*, ISBN 978-3-9522439-4-7, Trudi Thali Verlag
- *Die Offenbarung des Johannes*, ISBN 978-3-9522439-5-4, Trudi Thali Verlag
- *Meridian-Karten für Lichtbahnen-Therapie*, Windpferd Verlag 2003
- *Lichtfunken, Engelbotschaften*, 2. Aufl. Windpferd Verlag 2006

Thali, Trudi, Tonträger mit geführten Meditationen auf CDs:
- *Entfaltung des Lichtbewusstseins,* Windpferd Verlag 2005
- *Heilendes Licht,* ISBN 978-3-9522439-6-1, Trudi Thali Verlag
- *Entfaltung zum Licht,* ISBN 978-3-9522439-7-8, Trudi Thali Verlag
- *Die 8 Wege Jesu zum Glück,* ISBN 978-3-9523206-1-7, Trudi Thali Verlag
- *Das Vaterunser als Chakra-Meditation,* ISBN 978-3-9522439-3-0, Trudi Thali Verlag
- *Sanctus-Vision,* ISBN 978-3-9522439-0-9, Trudi Thali Verlag
- *Das Gebet des Heiligen Bruder Klaus,* ISBN 978-3-9522439-1-6, Trudi Thali Verlag

Thie, John, *Gesund durch Berühren,* Hugendubel 2000

Wang, Qin Dr., *Gesund durch chinesische Medizin,* Karl F. Haug Verlag 2001

White Eagle, *Wunder des Lichts,* 7. Aufl. Aquamarin Verlag 1993

Trudi Thali

Lichtbahnen-Heilung

Öffnung und Heilung des Lichtkörpers mit der spirituellen Meridianbehandlung

Lichtbahnen sind jene geheimnisumwobenen Energiekanäle, die wir aus dem alten Reich der Energiearbeit, dem traditionellen China, kennen.
Dabei bringt die Lichtbahnen-Heilung die Energien durch sanftes Berühren des Körpers mit den Handflächen zum freien Fließen. Mit nur 14 Handpositionen ist es somit möglich, in allen Meridianen – und damit in allen Körperbereichen – das ungehinderte Fließen universeller Lebensenergie anzuregen. Dieses freie Fließen universeller Energie entlang der Lichtbahnen, die den Körper durchziehen und mit kosmischer Energie versorgen, unterstützt die Selbstheilung, lindert Beschwerden, fördert die spirituelle Entfaltung und erhöht die mediale Sensibilität. Die Lichtbahnen-Behandlungen sind sehr einfach auszuführen, vergleichbar mit jenen der Reiki-Behandlungen.

144 Seiten · ISBN 978-3-89385-466-0 · www.windpferd.de

Trudi Thali

Lichtbahnen-Selbstheilung

Entfaltung des Lichtbewusstseins
Lichtimpulspunkte meditativ und praktisch erfahren

Trudi Thali ist die Begründerin der Lichtbahnen-Selbstheilung, einer Methode der energetischen Heilung durch Lösung von Blockaden. Diese Selbstheilungs-Methode arbeitet mit der Entfaltung des Lichtbewusstseins und mit Lichtimpulspunkten. Sie ist vergleichbar mit Reiki und basiert auf einem vereinfachten Meridiansystem.
Die Lichtbahnen-Heilung ist im Bereich „Energetische Heilung" ein Begriff geworden. Immer mehr Menschen praktizieren diese neue Methode mit großem Erfolg. Die Lichtbahnen oder Meridiane werden auf diese Weise von blockierter Energie befreit. Weitaus mehr Lebenskraft kann wieder ungehindert fließen.

120 Seiten · ISBN 978-3-89385-469-1 · www.windpferd.de

Trudi Thali

LichtFunken

Liebevolle Engelbotschaften für jeden Tag

Engel sind die offiziellen „Pressesprecher" der göttlichen Schöpferkraft. Sie sind die Vermittler zwischen der Lichtwelt und der Ebene der Menschen. Was einen Vermittler auszeichnet, ist die Fähigkeit, universelle Wahrheit in der jeweiligen Sprache des Adressaten zum Ausdruck zu bringen. Und sie sagen uns: Alles ist gut so wie es ist. Es gibt keinen Grund zur Sorge. Wir sind geschützt und wir werden geführt. Wenn wir fallen, werden wir aufgefangen, wenn wir „fliegen lernen", werden wir getragen. Sie sagen es uns in unseren Worten. Sie wählen die Sprache, die wir verstehen können ... Lichtfunken sind ein herrliches Geschenk für Menschen, die täglich neu wachsen wollen.

56 Karten in Box · ISBN 978-3-89385-421-9
www.windpferd.de

Trudi Thali

Meridian-Karten

Für Shiatsu, Meridianmassage und Lichtbahnenheilung

Die Karten dienen dem Selbststudium der Meridianverläufe sowie der begleitenden Unterstützung von Therapien, basierend auf oder ergänzend zu dem Meridiansystem der Traditionellen Chinesischen Medizin. Auf den Karten 1 bis 3 erleichtern die farbig gekennzeichneten Meridiane die Orientierung, wobei rechts unten jeweils die Shiatsu-Punkte abgebildet sind. Karte 4 zeigt alle 14 Positionen der die Meridiane umfassenden Lichtbahnenheilung und Karte 5 enthält acht Positionen der Lichtbahnen-Selbstbehandlung.

Box mit 3 Meridian-Tafeln mit Shiatsu-Punkten,
2 Lichtbahnen-Tafeln, jeweils Format A2
ISBN 978-3-89385-422-6 · www.windpferd.de